湖南省"双一流"应用特色学科——湖南女子学院"工商

TUANDUI JIANSHE SHIWU

团队建设实务

彭云飞 编著

经济管理出版社

ECONOMY & MANAGEMENT PUBLISHING HOUSE

图书在版编目（CIP）数据

团队建设实务/彭云飞编著．—北京：经济管理出版社，2021.6
ISBN 978 - 7 - 5096 - 8061 - 2

Ⅰ.①团… Ⅱ.①彭… Ⅲ.①团队管理—高等学校—教材 Ⅳ.①C936

中国版本图书馆 CIP 数据核字(2021)第 108432 号

组稿编辑：王　洋
责任编辑：王　洋
责任印制：黄章平
责任校对：董杉珊

出版发行：经济管理出版社
　　　　　（北京市海淀区北蜂窝 8 号中雅大厦 A 座 11 层　100038）
网　　址：www. E – mp. com. cn
电　　话：(010) 51915602
印　　刷：北京晨旭印刷厂
经　　销：新华书店
开　　本：720mm × 1000mm/16
印　　张：13. 5
字　　数：206 千字
版　　次：2021 年 7 月第 1 版　　2021 年 7 月第 1 次印刷
书　　号：ISBN 978 – 7 – 5096 – 8061 – 2
定　　价：49. 80 元

序

    团队意识与团队合作能力是现代人的基本素质；团队建设是目前各类组织都重视的管理措施。随着社会的快速发展，团队建设越来越受重视，但是对如何进行团队建设和其他管理理论比较而言，团队建设理论还是一个薄弱部分，至少还没有形成系统的理论与方法。在团队建设培训方面，也还没有公认的好教材或参考书。团队建设和一般的管理活动不同，其类型的多样性与规模的相对有限性都要求学习者有不同的认知行为。基于此，笔者申请了肇庆学院实践教学改革项目"学校转型发展背景下管理类课程实践教学改革与创新——以《团队建设实务》为例"，试图从实践教学的角度，探索建立一种有效的团队建设学习模式：学习的过程就是实践的过程，即团队建设实务的过程，实现教学任务化、任务课程化。同时，在这个过程中可以采用多种教学手段，既可以丰富教学的内容，也可以开阔学员视野，如：引入任务完成环节，团队学员通过分析讨论，不仅可以增加老师与学生之间的互动，使教学活动变得丰富多彩，还可以激发学员的探索兴趣；还可以开设一些学员报告的内容，提升学员文献搜索、分析归纳总结的能力；此外，可以设计一些情景模拟，充分激发学员的思辨思维能力，培养学员统筹策划、团队管理、应变能力以及语言表达能力。在这种教学模式下，能够对学员有三个方面的改变：理论知识的改变、专业技能的改变以及其他素质（如个性、价值观和追求等）的改变。

    因此，本书的编写围绕"团队建设"相关教师的"如何教，教什么"和学员的"如何学，学什么"两核心方面安排教学内容。例如，学员关心的问题会是：自己怎么融入团队？自己在团队中会成为、可以成为哪一种角色？如何成为团队中不可或缺的一员？等等。通过学习团队建设的理论与方法，注重实操能力培养就是本书需要达成的主要目标。具体来说，教学目标也将围绕"教"与"学"展开，最终达到以下目标：

● 团队建设理论知识认知目标。通过团队建设课程教学实践，使学员加深对团队建设基础理论知识的再认识，加深对有关团队建设理论的理解，促进理论联系实际。

● 团队建设实务目标。通过参与课内、课外的实践活动，使学员熟练掌握团队建设的具体操作方法。

● 各专业技术适应能力目标。对于学员来说，通过参与团队建设学习活动，可以更好地掌握团队建设相关的基本知识与方法。在具体的工作中，应用所学知识的迁移来加深对本职工作内容的理解，增强竞争力，以更好地提高解决问题的能力。

为达成以上目标，本书内容围绕团队建设过程的逻辑来安排。本书内容包括基础理论学习、团队建设实践以及创新能力训练，如团队建设方案设计。对于教学各个环节的配置会以学员能力培养、综合素质提高为主线，按基础知识、认知、方法掌握和应用能力提高四个层次为副线，安排了由验证到认知、由单一到综合、由应用到创新，连贯性地由浅入深地安排一体化、多层次、开放式的内容体系。同时，通过任务安排等方式，鼓励学员结合自己的团队建设实践工作感悟和体验进行方案与制度的撰写，以实现由群体到高效团队的建设。此外，通过导语，把各部分之间的关系有机衔接，最终形成团队建设的知识体系，不同于以往教材注重知识体系传授的范式。

本书编写过程中，参考引用了大量的文献和网络资料，由于各种原因，可能没有一一注明出处，在此向有关作者表示感谢！感谢湖南省"双一流"应用特色学科——湖南女子学院"工商管理"学科资助出版！感谢经济管理出版社的王洋编辑为本书出版所做的大量的工作。

由于"团队建设实务"课程一般是高等院校的通识课、公共选修课，学生一般是来自全校的不同专业，故本书在撰写过程中，尽量避免用专业的名词，用通俗易懂的语言表达方式呈现团队建设的精髓，故本书不但可以作为应用型本科院校、高职院校的教材，还可以作为有团队建设需求的社会各界人士的参考书。

目　　录

第一章　绪论

一个人若想成功，要么组建一个团队，要么加入一个团队！在这个瞬息万变的世界里，单打独斗者，路会越走越窄，选择志同道合的伙伴，就是选择了成功。用梦想去组建一个团队，用团队去实现一个梦想。人，因梦想而伟大，因团队而卓越，因感恩而幸福，因学习而改变，因行动而成功。一个人是谁并不重要，重要的是他站在那里的时候，在他身后站着的是一群什么样的人！

——来自网络

导语：要学习团队建设知识，首先应该有学习的兴趣。兴趣来自需求。我们的需求就是在人生与事业发展的过程中，需要依靠团队。怎么建设团队，团队建设主要建设什么，怎么才能很好地学习好团队建设的相关知识，这就是本章想要回答的问题。

学习目的

- 我们为何要学习团队建设？
- 我们学习的团队建设是要建设些什么？
- 我们怎么学习团队建设？

第一节　因团队而卓越

在工作中，面对某一项任务，我们经常感叹：对于这个事情，我无能为力。的确，在面对许多事情的时候，我们经常会感到力不从心。一个人的时间、精力是有限的。我们可以依靠团队的力量去战胜面临的困难，解决面对的问题。这是我们为何特别强调团队的原因。合作意识，团队精神，已经成为现代人必备的素质。我们又经常听到这样的话：办法总比困难多。办法从哪里来？自己可以想办法。有办法的人经常愿意自己去解决；而另外一些人，却会考虑依赖团队。

古往今来，依赖团队成功的案例不少。汉高祖刘邦为何能够打败项羽？就是他有一个强大的团队，有萧何、韩信、张良等优秀人才组成的团队，而项羽麾下没有。明太祖朱元璋为何能够从一个要饭的和尚在短短几年内一统天下？就是因为他有徐达、汤和、李善长、刘伯温等一班文臣武将团队。历史上任何成功的人，都有一个团队在发挥作用。现实中，我们也能看到不少这样的例子。马云的成功道路大家都是熟悉的。

依赖团队，有时候是因为人多力量大。团队的形成始于人类远古时期，在严酷的自然界中，人的生存和发展需要抱团取暖，需要集体围猎，团队就成为战胜自然的有力武器！

随着社会的发展，团队成为攻坚克难的有力武器，引起了管理者的高度重视。自通用汽车等国际知名团队率先在团队管理中重视现代团队建设以来，团队建设就已成为上至高层全面管理、下至各种以项目为中心的作业进程小组就成为团队管理中应用最为广泛的实用管理方式之一。目前，各行各业都非常重视团队的作用发挥。团队在任何组织中都已经成为一个重要的管理内容。

但团队不仅仅是人多力量大。现代人力资源管理理论表明，人存在先天性差异。也就是说，个体是有差异的。有的人聪明，有的人外向，有的人奔放，有的人严谨，有的人喜欢冒险，不一而足。因为不同的人存在差别，而我们不能简单地说，某类型的人就好，某类型的人就不行。例如，《西游记》中的唐僧师徒团队。的确，唐僧是一个好领导，他知道孙悟空要管紧，所以要会念紧箍咒；猪八戒小毛病多，但不会犯大错，偶尔批评批评就可以；沙僧则需要经常鼓励一番。这样，一个优秀的团队就形成了。一个团队里不可能全是"孙悟空"，也不可能都是"猪八戒"，更不可能都是"沙僧"。让适当的人处在适当的位置上，承担适当的责任是非常重要的。在大千世界中，我们只能说某人适合某岗位某职业。人岗匹配，是现代人力资源管理的基本理念。一个人不可以胜任任何工作岗位；一个人不可以干所有的事情。作为个体，一方面，可以自己去寻找合适的岗位，以自己所长，在合适的岗位上发挥作用；另一方面，我们可以寻找合作者，取长补短，依靠团队的力量战胜困难。

没有完美的个人，只有完美的团队。

在一个团队中，就是需要发挥每一个团队成员的个人优势。

［案例］

在一次工商界的聚会中，几个老板大谈自己的经营心得。

其中一个老板说："我有三个毛病很多的员工，我准备找机会炒他们的鱿鱼。"

另一个老板问："为什么要这样做呢？他们有什么毛病？"

第一个老板说："一个整天嫌这嫌那，专门吹毛求疵；另一个杞人忧天，老是害怕工厂有事；还有一个喜欢'摸鱼'，整天在外面闲荡鬼混。"

第二个老板听后想了想说："这样吧，把这三个人让给我吧！"

第二天，这三个有毛病的员工到新公司报到，新老板什么也没说就开始给他们分配工作：喜欢吹毛求疵的，负责公司产品质量的管理；害怕出事的人，负责安全保卫及保安系统的管理；喜欢"摸鱼"的人，负责商品宣传，整天在外面跑。

这三个人一听分配的职务和自己的个性相符，不禁大为兴奋，都兴冲冲地上任了。过了一段时间，因为三个人的卖力工作，这个公司的运营绩效直线上升。

除每一个人拥有自身的能力差异外,其实每一个人都还会拥有不同的资源。现代社会,特别强调资源整合。例如对高校来说,无论是高校的协同创新还是协同育人,无论是校地合作还是校校同盟,目的就是要实现资源的共建共享。现在是一个共享时代。无论是淘宝还是滴滴打车,无论是共享汽车还是共享单车,都是在资源共享这个理念下运作。作为个体的人,有效共享资源的方式之一就是通过团队平台来实现。团队,可以整合、利用大家现有的资源共同去达成一个自己想要达成而又凭借自己的力量无法达成的梦想。

总之,无论是团队还是个人,都要想方设法找到自己的优势,而且时时刻刻都要清楚自己的优势所在。成功心理学的创始人之一唐纳德·克利夫顿说:"在成功心理学者看来,判断一个人是不是成功,最主要的是看他是否最大限度地发挥了自己的优势。"科学研究发现,人类有400种优势。这些优势的数量并不重要,最重要的是你应该知道每个团队成员的优势是什么,之后要做的就是将团队的协作建立在成员们的优势之上,搭配成最有力的组合,使团队的力量达到最强!

不完美的个人,可以组建成为完美的团队!个人因团队而卓越!

第二节　团队建设理论

团队怎么建设?不是我们随意作为的,需要正确地运用团队建设理论指导,才能使团队建设少走弯路,保障团队绩效。

一、人性假设理论与团队建设

团队建设应该建立在对人性的深刻认识之上。管理学上的人性假设理论主要包括 X 理论、Y 理论和 Z 理论。

X 理论

X 理论是把人的工作动机视为获得经济报酬的"实利人"的人性假设理

论，主要观点有：

- 人类本性懒惰，厌恶工作，尽可能逃避；绝大多数人没有雄心壮志，怕负责任，宁可被领导骂。

- 多数人必须用强制办法乃至惩罚、威胁，才能使他们为达到团队目标而努力。

- 激励只在生理和安全需要层次上起作用。

- 绝大多数人只有极少的创造力。

X 理论在实践中的应用表现有：以经济报酬来激励生产，认为只要增加经济奖励，便能取得更高的管理绩效。这种理论特别重视满足个体的生理及安全的需要，同时也很重视惩罚，认为惩罚是最有效的管理工具。许多人以批评的态度对待 X 理论，认为该理论脱离现代化的政治、社会与经济来看待人性，是极为片面的。这种理论指导下制定出来的软硬兼施的管理办法，其后果会导致个体的敌视与反抗。

但是，在团队建设过程中，我们还是可以应用 X 理论的，如在制定团队管理制度的时候，就可以秉持"实利人"假设，按照"人性恶"的视角设计制度契约，就可以在一定程度上规避团队运行中各种意想不到的自私自利行为。

Y 理论

Y 理论指将个人目标与团队目标融合的观点，与 X 理论相对立。Y 理论的主要观点是：

- 一般人本性不是厌恶工作，如果给予适当机会，人们喜欢工作，并渴望发挥其才能。

- 多数人愿意对工作负责，寻求发挥能力的机会。

- 能力的限制和惩罚不是使人去为团队目标而努力的唯一办法。

- 激励在需要的各个层次上都起作用。

- 想象力和创造力是人类广泛具有的。

按照该理论，团队可以采取的激励办法有：扩大工作范围；尽可能地把个体工作安排得富有意义，并具挑战性；工作之后引起自豪，满足其自尊和自我实现的需要；使个体达到自我激励。只要启发内因，实行自我控制和自我指导，在条件适合的情况下就能实现团队目标与个人需要统一起来的最理想状态。

根据 Y 理论的人性假设，可以采用引导的方法来培养团队精神和行为。由于社会需要是人的本质需要之一，寻求与同事之间的良好关系及与集体的一体感是人的本性，因此，为团队目标而贡献心力的团队精神并非人性的外部存在；相反，团队精神应该是人性发展的自然结果。随着世界的融合与交互的深入而越来越社会化，团队协作在组织工作中越来越重要，人们也越来越追求社交、尊重、自我实现等更高层次的需要，这样，团队精神与团队协作不仅对团队的成败越发重要，而且其产生也更加自然更加必要。在团队建设时，团队不但需要消除不利于团队行为产生的外部因素，设置良好的外部环境，还需要引导、诱发、强化团队精神、力量与制度，充分开发人的社会本性和巨大的潜能。因此，团队建设中应用 Y 理论的具体方法可以包括尊重成员、目标管理、自我控制、参与管理、团队决策、集体行动等。当然，这类措施具有一定的理想主义色彩。

Z 理论

Z 理论认为，一切团队的成功都离不开信任、敏感与亲密，因此主张以坦白、开放、沟通作为基本原则来实行"民主管理"。Z 理论内容基本可以简述如下：

• 畅通的管理体制。管理体制应保证下情充分上达；应让个体参与决策，及时反馈信息。特别是在制定重大决策时，应鼓励第一线的成员提出建议，然后再由上级集中判断。

• 基层管理者享有充分的权利。基层管理者对基层问题要有充分的处理权，还要有能力协调职工们的思想和见解，发挥大家的积极性，开动脑筋制定出集体的建议方案。

• 中层管理者起到承上启下的作用。中层管理者要起到统一思想的作用，统一向上报告有关情况，提出自己的建议。

• 长期雇佣职工，及时整理和改进来自基层的意见。团队要长期雇佣职工，使工人增加安全感和责任心，与团队共荣辱、同命运。

● 关心员工的福利。管理者要处处关心员工的福利，设法让员工心情舒畅，造成上下级关系融洽、亲密无间的局面。

● 创造生动的工作环境。管理者不能仅仅关心生产任务，还必须设法让员工感到工作不枯燥、不单调。

● 重视员工的培训。要重视员工的培训工作，注意多方面培养他们的实际能力。

● 员工的考核。考核员工的表现不能过于片面，应当全面评定员工各方面的表现，长期坚持下去，作为晋级的依据。

Z 理论认为，任何团队都应该对它们内部的社会结构进行变革，使之既能满足新的竞争性需要，又能满足各个成员自我利益的需要。

Z 理论对团队建设的指导作用很大，如我们在以后的学习中，就要学习团队成员如何分工、如何民主制定绩效考核制度、如何进行协作与沟通，等等。

除 X 理论、Y 理论、Z 理论外，人性假设还有超 Y 理论、C 理论、理性人、非理性人等假设，我国也有性善论、性恶论、性无善无恶论等假设。只要管理者和领导者持有对人性的某种假设，他便倾向于采取相应的团队建设策略和方法。因此，在团队建设过程中，非常有必要根据时代和团队发展实际，了解、加深领导者和管理者对人性的认识，采取针对性的团队建设策略。

二、人格特质理论与团队建设

人格特质理论（Theory of Personality Trait）起源于 20 世纪 40 年代的美国。主要代表人物是美国心理学家高尔顿·威拉德·奥尔波特。人格特质理论认为，特质（Trait）是决定个体行为的基本特性，是人格的有效组成元素，也是测评人格所常用的基本单位。人格理论的主要观点包括：

● 在团队成员招聘、培养和使用方面要考虑成员的个体差异。

● 具有不同人格的团队成员形成互补，有助于提高团队工作的效能。

● 团队成员因个体差异互相影响和互相制约。

人格特质理论可以让我们对团队建设有一些必要的认识。在任何一个团队中，成员间的行为是互相影响、互相制约、互相补充和互相适应的。因此，团队都必须有一个合理的成员结构。团队成员的结构是一个多维的、动态的综合体，主要包括性别结构、年龄结构、知识结构、经验结构、智能结构、素质结构以及专业结构等。同时，每个团队成员要认识自己的长处和短处，扬长避短，调适自己的性格和行为，以适应团队建设和发展的需要。此外，每个团队成员还要认识同事的个性，与他们密切配合，互相补充和制约，和谐相处。这是我们在组建团队选择成员的依据。

我们还需要利用目前已有的一些人格测量工具帮助团队成员认识自己和同事的人格特点，如团队分工时，就可以采用一些测量工具来识别成员的人格特质，以实现人岗匹配。常用的人格理论工具有 NLP、MBTI、FIRO - B、九型人格等。因为本书将不直接应用该理论的一些测量工具，下面以九型人格学说（Enneagram）为例来说明一下怎么应用于团队建设，供有兴趣的学员自己去进一步了解。虽然人们的行为表现千差万别，但若按照这些行为背后的原动力，即不同的动机、欲望和价值观来分，它可以分为九种基本的人格类型。九型人格理论认为，每个人必然属于九型人格中的一型，一个人的基本人格类型可能有某部分的隐藏或调整，但不会真正改变。总的来说，九型人格在人力资源管理及团队建设方面具有四个作用：一是识别不同的性格，人岗匹配，人尽其才；二是改善团队沟通，创造良好的工作氛围；三是协调团队冲突，改善团队合作；四是有效激励下属，提高团队士气。若团队领导者及成员间相互了解彼此的基本人格类型，将改善团队沟通的有效性及减少团队内部冲突。因此，九型人格理论广泛应用于团队建设的实践中，且其效果是显著的。以常被理解为"疑惑型""忠诚型""警觉型"的 6 号性格为例。这一类性格的人最重要的价值是为团队、为自己处理危机和找到安全的未来。他们渴望安全和受到保护，为人忠诚，关注潜在风险和危机，因此，常常会放大风险，不会轻易相信别人。在团队中，当 6 号性格的成员认为有危机和风险存在，却得不到团队其他成员的理解时，会表现出不满并很有可能与不认同其风险预测的成员发生冲突。因此，在与 6 号性格的团队成员沟通时，首先要肯定对方，并耐心回答对方提出的问题，主动告诉对方已收集到的证据或对风险的评估。诚实是与 6 号性格的人有效沟通的关键，因为 6 号性格的人很容易察觉出任何不真诚的东西。运用九型人格了解他人的目的，是根据其性格特点使其为团队做更多贡献，而不是利用别人的不足获得自己的利益，也不能拿九型人格做评判一个人的绝对标准。把九型人格当作自我醒觉、自我修炼、每日三省吾身的工具是十分合适的，但是，在团队建设中，现代管理制度和管理技术是重中之重，个人修炼和团队的制度化管理是两个不同的范畴，不可互相替代。在以后的学习中将进一步了解该理论和应用。

三、贝尔宾团队角色理论

雷蒙德·梅瑞狄斯·贝尔宾博士经过 20 多年的研究，在 *Management Teams：Why They Succeed or Fail* 一书中详细地阐述了其研究的过程及团队角色理论。他将团队中的角色分为协调者、推进者、完善者、实干者、监督者、创新者、信息者和凝聚者 8 种。并根据研究确定了影响团队成功的 6 个关键因素。

在工作中，个体首先表现出来的是根据岗位所要求的经验和知识要求工作角色，当工作一段时间后才会了解团队角色的重要性。因为人不仅是"经济人"，同时也是"社会人"，所以贝尔宾从人的性格入手，在卡特尔 16PF 人格问卷和 OA 观察者评价问卷的基础上明确了各种角色的性格和功能，并且按照他们的功能分为领导（协调者和推进者）、谈判代表（信息者和凝聚者）、经理员工（完善者和实干者）和智者（监督者和创新者）。例如，协调者具有很强的容忍度，总是能聆听他人的意见以及强有力地拒绝采纳他人的意见，并且能在面对争论时保持镇定；天生具有激励他人、向外辐射影响力的外向型性格的能力，但同时，协调者又有一定独立性的倾向并在社会关系中保持一定距离。他们同样也是实用主义者。协调者不需要很高的智商，过高的智商会降低其个人在团队中的影响力。通过以上描述可知，协调者具有外向型、稳重以及保持独立性的个性特征。

贝尔宾认为，正是由于团队各角色在性格和功能上的互补才使团队不断取得成功。他不仅识别出团队的 8 种角色及其特征和团队功能，还根据研究中获得的数据编制了团队角色自测问卷（The Belbin's Team – Role Self – Perception Inventory），由于其使用的便捷性，能够快速地帮助人们识别自己在团队中的角色，使团队角色理论得到了广泛的使用。在团队建设中，可参考团队角色模型的理论框架，诊断团队各成员的角色状态，使成员更清楚地了解团队要求其扮演的角色，以促进自己的行为更符合团队的需要和自身的特点，使团队工作更具效率。

本书将应用该理论作为团队成员角色识别和进行成员分工的依据。

四、实践活动理论

实践活动理论的主要观点是只有在真实或者模拟的团队任务情景中，团队成员互相合作、共同完成任务的同时，才能加深对自己和其他成员的认识，增加对其他成员的信任和支持，逐步形成默契、和谐、高效的团队。近年来流行的户外拓展训练被认为是其中的一种典型方法。例如，北京人众人拓展训练有限公司近年来为惠普、IBM、葛兰素史克等跨国公司和国内众多知名团队提供了户外体验式培训。该公司以自然为舞台，以活动为道具，以学员为中心，以体验的学习方式提升团队和个人的情商，在帮助学员更好地理解和信任他人、相互沟通、共同做出决策、秉承团队文化等方面取得了传统培训所收不到的特殊效果，在团队建设中发挥了独特的作用。

实践活动理论在团队建设的实践中已经开始被重视。本书也将运用该理论指导团队建设。例如，安排一定量的任务让各团队协同完成，各团队在完成任务的过程中，感受团队的重要性、体验团队建设的过程。当然，我们应注意团队任务的设计，包括难度适中、通过努力可以达到；注重协调、尊重的团队环境氛围；重视体验和分享，交流心得；重视成果分享和交流；等等。

五、小结

上述4种团队建设理论，在实践中有各自的优点，但同时都存在一些不足之处。因此，将团队建设理论运用于实践时，我们不要局限于单个理论，而要扬长避短，用其他理论的优势来补充另一个理论的不足之处。另外，也不能盲目决定使用哪一种或哪几种方法，领导者和管理者在选择、运用团队建设理论时要充分考虑团队所处的环境、团队的性质、团队领导者和成员的特质、团队所处的发展阶段、团队的类型及规模等因素。

第三节　团队建设内容

团队的发展取决于团队的建设。团队在今天是如此的重要。

我们许多人对团队建设的了解是非常有限的。所以，本书的撰写以没有团队建设基本知识的读者为基本假定。因此，本书撰写的目的，就是以团队建设的基本理论为指导，尽量避免专业的名词术语，以通俗易懂的语言，喜闻乐见的事例，让读者了解团队建设的基本方式方法，初步掌握怎么融入团队、怎么建设团队思维方法。全书将按照团队建设内涵的逻辑性，从实操的角度安排了如下学习内容：

在认识团队的重要性基础上，帮助读者激发融入团队、建设团队的主动性与积极性；在团队建设过程中，首先要了解的是个人与团队的关系，才能更好地融入团队，建设团队。

团队是人组成的，选择合适的团队成员组建团队，是建设团队的基础。因此，怎么找成员找合作伙伴就是必要的。

有人的地方一般就存在管理。有管理就需要有领导者。一个团队建设的好坏，与团队有效领导分不开，对团队领导有一定的要求。如何成为团队优秀领导与被领导者，就需要掌握一些方法。

分工合作是团队的基本特征。如何进行团队分工是团队建设中的重要内容，因此必须要掌握相关的分工方法。

团队定位决定一个团队建设战略，团队目标是团队定位的具体化，只有有准确的团队定位，才能制定科学合理的团队目标。因此，需要掌握团队定位与目标设定的方法。

团队需要管理。让管理简单化就是要实现制度管人，流程管事。这就需要掌握团队管理制度制定方法。

团队有了管理制度，没有很好地执行，团队建设目标也会成为镜花水月。如何培养执行力就成为团队建设中的重要方面。

在团队运行过程中，要实现团队运行高效，就需要合作、就需要沟通，掌握合作与沟通的方法，是提升团队绩效的保证。

团队的使命是完成特定团队目标，一定会遇到各种困难与挫折，如何克服，就需要加强团队的学习能力，及时有效解决各种问题，实现团队可持续发展。

团队的存在是为了某一项使命，这个完成使命的过程会是一个冲突的过程。保持团队凝聚力、营造良好的团队文化、激发积极向上的热情，就需要掌握制定口号等凝聚力、战斗力提升方法。

基于以上考虑，本书的内容安排如表 1－1 所示。

表 1－1　团队建设学习内容安排

	学习内容	学习目的	解决问题
第一章	绪论	本课程学习什么内容； 怎么学本课程	对本课程的认识
第二章	团队与个人	为什么需要团队； 怎么融入团队	认识团队的重要性
第三章	团队组建	掌握组建团队的步骤； 了解自己在所在团队中可以胜任的角色	怎么去找团队成员
第四章	团队定位与目标	掌握团队与个人定位的方法； 掌握团队目标制定的方法	怎么进行团队定位与目标设定
第五章	团队领导	了解团队领导的要求； 掌握做被领导者的方法	怎么领导团队建设
第六章	团队分工与制度	了解团队分工方法； 掌握团队制度制定方法	怎么管理团队
第七章	团队绩效考核	了解什么是团队考核； 了解制定团队绩效考核制度存在的问题； 了解如何设计和实施团队绩效考核工作	怎么完成团队绩效考核

	学习内容	学习目的	解决问题
第八章	团队执行	了解什么是执行和执行力； 了解执行力缺失的原因； 掌握提高团队与个人执行力的方法	怎么实现团队定位与目标
第九章	团队协作与沟通	了解团队协作与沟通的障碍； 了解团队协作与沟通的基础； 掌握团队协作与沟通的方法	团队怎么才能形成合力
第十章	学习型团队	了解学习型团队的内涵； 了解建立学习型团队的要素； 掌握建设学习型团队的方法	团队怎么可持续发展
第十一章	团队凝聚力与口号	了解什么是团队凝聚力； 了解团队凝聚力的来源、影响因素等； 掌握提升团队凝聚力的方法； 掌握团队口号制定的方法	团队文化建设的问题

第四节　学习方法

一、学习方式

创建实践小组，开展团队建设实践。一个小组就是一个团队，完成学习任务的过程就是团队建设的过程。全部学员分为 n 个小组，每个小组人数为 10 人并分别命名，如厚德团队、明智团队、博学团队、力行团队。

二、学习方法

以任务为驱动，在完成任务的过程中，要充分发挥自己的作用，争取让团队其他成员了解自己，需要自己。

在团队建设的体验中获得团队建设知识与方法，在任务中掌握思维方法，在任务完成合作中成长。

在学习过程中，不需要追求知识的完备性，但要重视团队建设知识在现实中的应用性。

三、考核方式

建立二级评价制度与多元化评价方式：首先，每一个小组要共同努力，争取成为优秀团队，才能获得较好的成绩；其次，每一个小组要各自自行考核。在小组表现优秀的，可以取得好的成绩。各学员课程成绩得分见表1-2。

优秀团队的评选主要依据：

● 任务完成的质量。将分别由教师评价或学员投票等形式组成。分别评选优秀团队、良好团队、合格团队若干个，分别记5分、4分、3分。设计学员投票评价，目的是促进学员互相学习、互相监督。

● 课堂考勤。教师将不定期进行到课检查，检查结果按照一定的记分纳入各团队成绩。各队每缺勤一人，扣1分/次。注意：缺勤扣分是扣团队的分，目的是激发大家的团队意识和荣誉感。

● 课堂互动。对教师设计的问题进行回答，根据回答结果按照一定的记分纳入各团队成绩。例如，每参与一次课堂互动，分别给所在队记1分/次。注意：记分是记团队的分，目的也是激发大家的团队意识和荣誉感。

● 课程结束，教师依据以上各项总计得分，依此评选优秀团队、良好团队、合格团队。

表1-2　课程考核成绩标准　　　　　　　　　　　　单位：分

团队 \ 成员	优秀队员	合格队员
优秀团队	95	80
良好团队	85	70
合格团队	75	60

- 在团队成绩的基础上，每个团队需要应用各自制定的考核办法，在课程结束的时候分别评选优秀队员 8 人，并对照表 1 - 2 获得各自的成绩。各团队优秀与否由教师根据平时学习过程中的计分点记录评定；团队个人优秀与否由团队自己评定。

- 优秀人数定为 8 人，就是按照贝尔宾的角色理论确定的。通过团队建设，成员中的每一个人理论上都是不可替代的人，实现不完美的个人可以组建为完美的团队的目标。10 人中被淘汰的 2 个成员就是可以被代替的人。经过这样的淘汰，可以引导团队既加强合作，也互相竞争；既有团队内部合作与竞争，也有团队外部合作与竞争。在整个学习过程中，达到既是学习过程，也是参与团队建设的过程的效果。

任务

自动组建 10 人小组。在本课程 QQ 群修改备注名称：姓名 + 团队名称 + 年级专业。

各小组分头活动。需要完成的任务：

- 互相认识，了解对方的基本情况，如姓名、专业。越详细越好。
- 讨论：你参加本次课程希望获得哪些知识技能？用 4 ~ 6 个字的词组表达出来。讨论完后每队推选一个代表报告讨论结果。
- 时间：30 分钟。

检验

- 教师抽查每个团队一、二人，了解其对另一个成员的熟悉情况。
- 在 QQ 群投票评比提出的学习内容最符合大家需要的优秀团队，分别确定优秀团队、良好团队和合格团队。
- 请优秀团队代表介绍为什么想要学习提出的内容。

第二章　团队与个人

团队的目的在于促使平凡的人做出不平凡的事！

——彼得·德鲁克

导语：团队的雏形是群体。人首先是生活在群体中。我们离不开群体。我们就生活在芸芸众生之中。我们很少能够独处在一个世外桃源。我们的工作，我们的娱乐，我们的快乐与烦恼，许多时候都和他人有关系。而且，我们面对的群体，经常是不同年龄、不同性别、不同爱好、不同习惯、不同性格、不同职位、不同背景、不同外貌甚至是不同文化背景的人。不管我们愿意不愿意，我们需要和他们合作，需要和他们交往，需要和他们一起完成任务。这也就是团队的特征。

但是，现实中，尤其在团队中，我们许多人不能处理好和团队其他成员的关系。如何处理好这些关系？这是本章想回答的问题。

学习目标

- 理解为什么需要团队。
- 掌握怎么融入团队。

任务

- 各组讨论并阐述如下两个问题：

- 我们为什么需要团队？（通过思考该问题，让接受团队成为自觉行为。）
- 我们怎样做才能被团队接受？（通过思考该问题，让团队接纳成为自觉行为。）

请各团队用 30 分钟讨论怎么回答这两个问题。然后派一个代表用 3 分钟时间阐述自己团队的观点。请大家在倾听相关代表发言的同时，一边思考，一边做好记录，作为下一步 QQ 群投票表决的依据。

每个团队只需要回答自己考虑比较成熟的一个问题（我们是团队，在有限的时间里面，不能解决所有的问题）。

如果我们把这两个问题弄清楚了，我们就对学习团队建设课程的意义和价值就会有针对性和积极性了。

评价标准：①观点凝练、正确、突出。②发言准备充分且有技巧讲究演讲艺术。

第一节 为什么需要团队

一、什么是团队？

团队就是由两个或者两个以上的相互作用、相互依赖的个体，为了特定目标而按照一定规则结合在一起，通过相互协作而组成的正式群体。它是由员工和管理层组成的一个共同体，通过合理利用每一个成员的知识和技能协同工作，解决问题，达到共同的目标。团队的构成要素可以总结为 5P，分别为目标、人、定位、权限、计划。团队和群体有根本性的一些区别；群体是团队的基础。也有人把团队理解为 "TEAMWORK"，并借此理解为缩写：

T：Together，一起。

E：Everyone，每个人。

A：Accomplishes，完成。

M：More，更多。

W：With，和。

O：Organization，组织。

R：Responsibility，责任。

K：Knowledge，知识。

二、团队与人力资本、人际资本

人际关系在社会上一直被重视。营造良好的人际关系是个人实现价值的必要条件，导致人际关系被上升到了很重要的高度，"混圈子"甚至成了许多人追求成功的重要手段。这是形成虚拟团队的重要方式。无疑，无论是正式团队还是虚拟团队，都是个人提升人力资本、人际资本甚至是社会资本的重要手段。

人际资本不仅表现为一种简单的人际关系，而且个体需要将人际关系通过一定的条件和方式转化为可以提升自己价值的资源，才会成为资本。人际关系是人际资本的基础和条件，人际资本是人际关系的价值体现。也就是说，拥有良好的人际关系，但是没有价值主张，也只是简单的人与人之间的一种联系，而不是人际资本。例如，个体 A 和 B 是朋友关系，A 有资金，B 投资需要资金且 B 有良好信誉，A 借给 B 资金并不要利息，结果 B 获利了。这样，A 就成为 B 的人际资本。所以，A、B 首先只是朋友关系，依赖 B 的良好信誉和 A 的资金这些条件，A 就成为 B 的人际资本。而如果 A、B 之间没有借资金这个事件的发生，他们之间也就只是表现为拥有人际关系。

根据林南的研究，个体在提升自身的资源优势时，因为人力资本这种资源具有不可让渡性，故会首先选择进行人力资本投资。然而，当群体中的各个体都进行人力资本投资并积累达到一定的水平，就会造成劳动力市场的供给无差异。出于竞争的需要，个体为了获得竞争优势，需要新的资源以维护已有的资源价值，就要差异化发展，此时人际资本的积累就成为一种选择路径。相比人力资本，人际资本由于具备借用性和让渡性，会更容易积累。如果说，人力资本呈算数速度增长，那人际资本的积累则可以呈指数速度增长，即人际资本的积累速度要比人力资本快得多。然而，人际资本积累有很多约束，维持关系与交易互惠也需要满足许多条件，这就决定了人们更偏好积累人力资本，而不是人际资本。尽管这样，由于这些人际交往成本会得到更多的收益补偿，并会被人际资本的积累速度上的相对优势所超越，故大多数个体最终还是会重视人际资本投资。所以，人际资本是个体的人力资本发展和丰富，是人力资本的组成部分。

因此，参与团队、建设团队，对提升个人的人力资本和人际资本都有好处。

三、团队可以给我们带来什么？

既然团队对提升个人的人力资本和人际资本都有好处，那表现在什么方面呢？

增强力量。我们都知道，一根筷子可以轻松地被折断，但把很多的筷子放在一起，想要折断就很困难。一个团队的力量远大于一个人的力量。团队不仅强调个人的工作成果，更强调团队的整体业绩。如我们的本课程考核就是基于这样的目的：团队不优秀，课程成绩就不会很好。团队所依赖的不仅是集体讨论和决策，它同时也强调成员的共同贡献。团队大于各部分之和，即我们说的"1＋1＞2"。

展示自我。需求层次理论告诉我们，每个人都有发挥作用的需要，体现自己价值的需要；没有舞台，就难以实现这些。团队就是这样的一个舞台。在团队中，未来为了某一共同的目标，你需要发挥自己的聪明才智，你会觉得在团队中有存在感，就会有满足感。在团队中，通过团队协作，还能激发出团队成员不可思议的潜力，让每个人都能发挥出最强的力量。在团队中，如果每个队员都能够不断地释放自己的潜在才能和技巧，能够相互尊重和被重视，相互鼓励和坦诚交流，大家就能在各自的岗位上找到最佳的协作方式，为了团队共同的目标，自觉地担负起各自的责任并为此积极奉献。这就是"1＋1＞2"的原因之一。也就是说，团队工作成果往往能超过成员个人业绩的总和。

资源共享。在第一章我们已经有提到，团队作为一个整体，需要的是整体的综合能力。不管一个人的能力有多强，如果个人能力没有充分融入团队中，到了一定阶段必定会给整个团队带来致命打击。团队中，每一个人是一个资源库：专业知识、人脉关系、经济水平等都是不同的，也就是人际资本，经过组合、共享就是团队的人际资本，就是团队的资源。资源共享作为团队工作中不可缺少的一部分，不但可以作为评估团队的凝聚力和团队的协作能力的方面，也是一个团队能力的客观体现。故提高团队的资源共享度是可以让团队健康发展，稳定发展的基础。

学习他人。人存在个体的差异。不管你愿意不愿意，先天就存在一部分差异。所以，在一个团队中，每个成员的优缺点都不尽相同。当团队的每一个人都坦诚相待，都有一份奉献精神时，取长补短，个人的能力肯定会得到大大的提升。"三人行，必有我师焉。"如果大家把团队里面每一分子的优点长处都变为团队的需要，灵活运用，不仅团队的力量日益强大，自己的能力、潜力也会慢慢得到升华。我们应该积极发现团队成员的优秀品质，并且学习它和发扬它，克服自己身上的毛病与提升个人的短板，让自己的缺点在团队合作中逐渐消灭掉。

第二节　怎么融入团队

对于该问题，1000 个人可以回答 1000 种理由。我们可以大致认为应该做好如下方面：

一、尊重他人

每个人都有被人重视的需求，这个道理我们都懂，马斯洛的需求理论，特别是那些辛劳工作的基层员工更是如此，就如我们的保安员、清洁工，工作时间长，工作又苦又累，有时给予他们一句小小的鼓励和赞许，就可以使他们释放出无限的工作热情。最关键的是，当你对他们寄予尊重的同时，他们也同样会给予你尊重的回报，如良好的服务与清洁的环境。尊重在任何环境中都存在，没有高低之分、地位之差和资历之别，尊重只是团队成员在交往时的一种平等的态度。越是有地位有资历有能力的人越是尊重别人。与懂得尊重别人的人在一起就会很愉快很舒服。尊重别人也是人的修养。尊重他人的个性和人格，尊重他人的兴趣和爱好，尊重他人的感觉和需求，尊重他人的态度和意见，尊重他人的权利和义务，尊重他人的成就和发展，就会让他人感觉舒服；不要求别人做你自己不愿意做或没有做到过的事情，允许他人有跟你不一样的考虑，就会让他人觉得被理解。古语说："老吾老以及人之老，幼吾幼以及人之幼"，又说："己之所欲勿施于人，己所不欲勿施于人"。只有团队中的每一个成员都尊重彼此的意见和观点，尊重彼此的技术和能力，尊重彼此对团队的全部贡献，这个团队才会得到最大的发展，而这个团队中的成员也才会赢得最大的成功。尊重能为一个团队营造出和谐融洽的气氛，使团队资源形成最大限度的共享。

当然，在团队中，我们强调平等待人，有礼有节，但是也要做到既尊重他人又尽量保持自我个性，这是团队合作中尊重的最高要求。团队是由不同的人组成的，每一个团队成员首先是一个追求自我发展和实现的个体人，然后才是一个从事工作、有着职业分工的职业人。这是团队建设所要求的，也是需要注意的。所以，尊重他人，需要艺术与技巧。

二、反思自己

"金无足赤，人无完人。""吾日三醒吾身。"在团队中，我们应时刻检讨自己的缺点，如检讨一下自己的工作心态好吗？对待任务是不是有所怠慢？对待需要接触的人沟通工作做得够不够好？能否虚心接受别人对自己的批评？这些问题在自己看来可能不算什么大事，但在团队合作中它就会成为你进步成长的障碍。如果你固执己见，无法听取他人的意见，你的工作状态不可能有改善，甚至会影响到其他成员的工作积极性。尤其对新时代的年轻人来说，个性都比较强，进行自我反思犹有必要。团队的效率在于每个成员配合的默契，如果你意识到了自己的缺点，不妨坦诚地承认它，想方设法改掉它，也可以让大家共同帮助你改进。当然，承认自己的缺点可能会让自己感到尴尬，但不必担心别人嘲笑你，在团队中，大家都这样，就会形成一种文化，你只会得到他们的理解和帮助，得到别人的认可。

三、保持谦虚

团队的特点就是互相不可替代。团队中的任何一位成员都可能有某个领域的特长，具有某个方面的优势。所以你必须保持足够的谦虚。我们谁都不会喜欢骄傲自大的人，这种人在团队合作中也不会被大家认可。我们可能会觉得在某个方面他人不如你，但我们更应该将自己的注意力放在他人的强项上。谦虚会让你看到自己的短处，这会促使自己在团队中不断地进步。

四、学会欣赏

很多时候，同处于一个团队中的工作伙伴常常会乱设"敌人"，尤其是大家因某事而分出了高低时，落在后面的人的心里就会很容易酸溜溜的。所以，每个人都要先把心态摆正，用客观的目光去看看"假想敌"到底有没有长处，哪怕是一点点比自己好的地方都是值得学习的。欣赏同一个团队的每一个成员，就是在为团队增加助力；改掉自身的缺点，就是在消灭团队的弱点。

欣赏就是主动去寻找团队成员的积极品质，尤其是你的"敌人"，然后，向他们学习这些品质，并努力克服和改正自身的缺点和消极品质。这是培养团队合作能力的重要一步。团队的效率在于每个成员配合的默契，而这种默契需要团队成员的互相欣赏和熟悉——欣赏长处、熟悉短处，达到扬长避短的效果。

五、懂得宽容

团队成员间的相互宽容，是指容纳各自的差异性和独特性，以及适当程度的包容，但并不是指无限制地纵容。一个成功的团队，只会允许宽容存在，不会让纵容有机可乘。雨果曾经说过，"世界上最宽阔的是海洋，比海洋更宽阔的是天空，而比天空更宽阔的则是人的心灵。"这句话无论何时何地都是适用的，即使是在角逐竞技的职场之上，宽容仍是能让你尽快融入团队之中的捷径。宽容是团队合作中最好的润滑剂，它能消除分歧和矛盾，使团队成员能够互敬互重、彼此包容、和谐相处，从而安心工作，体会到合作的快乐。试想一下，如果你冲别人大发雷霆，即使过错在对方，谁也不能保证他不以同样的态度来回敬你。这样一来，矛盾自然也就不可避免了。美国人崇尚团队精神，而宽容正是他们最为推崇的一种合作基础，因为他们清楚这是一种真正的以退为进的团队策略。

如果能够以宽容的胸襟包容成员的错误，驱散弥漫在成员之间的火药味，相信团队的合作关系将更上一层楼。宽容，并不代表软弱，在团队合作中它体现出的是一种坚强的精神，它是一种以退为进的团队战术，为的是整个团队的大发展，以及为个人奠定有力的提升基础。因此，团队成员要有较强的相容度，即要求其能够宽厚容忍、心胸宽广、忍耐力强。同时，要注意将心比心，换位思考，即应尽量站在别人的立场上，衡量别人的意见、建议和感受，反思自己的态度和方法。

六、相互信任

美国管理者坚信这样一个简单的理念：如果连起码的信任都做不到，那么，团队协作就是一句空话，绝没有落实到位的可能。程颐说：人无忠信，不可立于世。团队是一个相互协作的群体，它需要团队成员之间建立相互信任的关系。信任是合作的基石，没有信任，就没有合作。信任是一种激励，信任更是一种力量。池田大作说："工作上的信用是最好的财产。没有信用积累的青年，非成为失败者不可。"团队成员在承受压力和困惑时，要相互信赖，就像荡离了秋千的空中飞人一样，他必须知道在绳子的另一端有人在抓着他；团队成员在面临危机与挑战时，更加要相互信任，就像合作猎捕猛兽的猎人一样，必须不存私心，共同行动。否则，到最后，这个团队以及这个团队的成员只会一事无成、毫无建树。

高效团队的一个重要特征就是团队成员之间相互信任。信任什么？就是团队成员彼此相信各自的品格、个性、特点和工作能力。这种信任可以在团队内部创造高度互信的互动能量，这种信任将使团队成员乐于付出，相信团队的目标并为之付出自己的责任与激情。如果你不相信任何人，你也就不可能接纳任何人。根据团队交往的交互原则，你不信任别人，别人也就不会信任你；相反，你以坦诚友好的方式待人，对方也往往会以同样的方式待你。如果大家都这么做了，结果可想而知，互相信任的氛围就形成了。信任是缔造团队向前的动力，它同时也是团队成员对自身能力的高度自信。正是基于这种自信，他才会将自己的信任和支持真正交付给自己的合作对象。

七、注重沟通

沃尔玛公司的创立者萨姆·沃尔顿说，沟通是管理浓缩。敢于沟通、勤于沟通、善于沟通，让所有人都了解你、欣赏你、喜欢你。

从古至今，中国人一直将"少说话，多做事""沉默是金"奉为瑰宝，固执认为埋头苦干才是事业走向辉煌的制胜法宝。可却忽略了一个人身在团队之中，良好的沟通是一种必备的能力。作为团队，成员间的沟通能力是保持团队有效沟通和旺盛生命力的必要条件；作为个体，要想在团队中获得成功，沟通是最基本的要求。沟通是团队成员获得职位、有效管理、工作成功、事业有成的必备技能之一。

近代管理理论奠基人切斯特·巴纳德说："管理者最基本功能是发展与维系一个畅通沟通管道。"沟通能力在团队工作中是非常重要的，现代社会是个开放的社会，当你有了好想法、好建议时，要尽快让别人了解、让上级采纳，为团队做贡献。否则，不论你有多么新奇的观点和重要的想法，如果不能让更多的人去理解和分享，那就几乎等于没有。

八、敢于负责

负责即敢于担当，对自己负责，更意味着对团队负责、对团队成员负责，并将这种负责精神落实到每一个工作的细节之中。团队在运作过程中，难免出现失误，若是每次出现错误都互相推卸责任，那么这个团队就没有存在的价值。并且一个对团队工作不负责任的人，往往是一个缺乏自信的人，也是一个无法体会快乐真谛的人。要知道，当一个人将责任推给他人时，实际上也是将自己的快乐和信息转移给了他人。任何有利团队荣誉、有损团队利益的事情，与每一个团队成员都是息息相关的，所有的人都拥有不可推卸的责任。职场之内，人们一致认定的竞争法则是：强者有强者的游戏规则，弱者有弱者的生存法则。作为一个团队成员，必须记住，只有一个完全发挥作用的团队，才是一个最具竞争力的团队；而只有身处一个最具竞争力的团队之中，个体的价值才能得到最大限度的体现！当一个人是团队中的那块"短板"时，应该虚心接受"长板"的帮助，尽一切努力提高自己的能力，不要让自己拖整个团队的后腿；当一个人是团队中的那块"长板"时，不能只顾自己前进的脚步，而忽略了"短板"的存在，那么，团队收获的终将是与"短板"一样的成就。当我们身处于一个团队中时，只有想方设法让短板达到长板的高度，或者让所有的板子维持"足够高"的相等高度，才能完全发挥团队作用。这个时候，就是在体现你的团队责任。

九、讲究诚信

古人说："人无信则不立。"又说："言必行，行必果"。而只有当做到了"言必行，行必果"时，你才能真正赢得同事的广泛信赖，同时也为自己事业的兴盛发达注入了活力。这些说的是为人处世若不诚实，不讲信用，就不能在社会上立足和建功立业。诚信，是做人的基本准则，也是作为一名团队成员所应具备的基本价值理念——它是高于一切的。没有诚信，就不可能塑造出一个良好的个人形象，也就无法得到团队伙伴的信赖，也就失去了与人竞争的资本。注意讲诚信的人，才能在竞争中得到多助的重要条件。一个个体，如果不讲诚信，那么在团队之中也将无法立足，最终会被淘汰出局。对一个团队来说，只有建立在团队成员之间相互信任的基础上，才能发挥出巨大的力量。

十、做好自己

我们在团队建设中，会一直强调要发挥个人的作用，强调个人的独特性，即在团队中，你就是不可替代的、不可或缺的。团队为何不能没有你？一个重要原因就是因为你有自己的特质。别人不能替代你。我们要注意，不能因为注重团队尊重他人就失去自己。团队强调集体主义，但是绝对不是泯灭个性、扼杀独立思考、不要发挥个人作用。一个好的团队，是会鼓励和正确引导成员个人能力的最大限度发挥。团队成员个人能力的最大限度发挥，其实是鼓励、允许个人英雄主义的结果。个人英雄主义在工作中往往表现为个性的彰显，更包含有创造性的工作，以及勇于面对压力和敢于承担责任的勇气。

团队若能给团队成员提供一个充分施展、表现自己才能的机会，那么，这将会为团队带来永不枯竭的创新能力！诚然，团队建设的核心在于协同合作，强调团队合力，注重整体优势，但不是要远离个人英雄主义。团队如果追求趋同，结果必然导致团队成员的个性创造和个性发挥被扭曲、被湮没；没有个性，不能做好自己，就意味着没有创造，这样的团队只有简单复制功能，而不具备持续创新能力。团队不仅是人的集合，更是能量的结合与汇聚。所以，作为团队成员，不要因为身处团队之中就抹杀了自己的个性特质。

我们要注意的是，如何处理好团队合作与做好自己的关系？那就是通过制度。这在后面的学习中我们会专门学习。团队制度的建立是为了更好地发挥成员的才能，只要不逾矩，那就完全可以随心所欲。在团队规则内，你可以"八仙过海，各显神通"地开展工作。

十一、维护团队

团队里面不反对个性张扬，但个性必须与团队的行动一致，要有整体意识、全局观念，要考虑到整个团队的需要，并不遗余力地为整个团队的目标而共同努力。"皮之不存，毛将焉附。"只有当团队成员自觉维护团队的整体利益时，才会在遇到让人不知所措的难题时，以让团队利益达到最大化为根本，义无反顾地去做，自然不会因为工作中跟相关成员的摩擦而耿耿于怀，也不会为同事之间意见的分歧而斤斤计较，更不会因为他人对自己的一时错待而怨恨于心。在团队之中，一个人与整个团队相比，是渺小的，太过计较个人得失的人，永远不会真正融入团队之中！只有拥有极强全局意识的人，最终会是一个最大的受益者！

如果你认同这些观点，在下一步的学习中，注意融入团队哦！

第三章　团队组建

一个人势单力薄，融入团队就能立于不败，一滴水很快挥发，汇入大海就成波涛澎湃。如果你是一滴水，只要你愿意融入大海，整个大海就是你的了，因为你已和整个大海融合在一起，这就是融入的力量。

——心灵养吧

导语：在上一章了解了团队和个人的关系，说明了依靠团队的意义、融入团队的基本做法，团队就成为我们人生、事业发展的必要支撑。但是，团队不是自动出现的。因此，我们需要了解自己为何想组建团队。不同的目标任务决定了不同的团队类型，团队类型不同，组建的方法也不同。确定了自己要组建的团队类型，就可以采用不同的组建方法。团队组建的关键是配置好团队角色。每一个成员都是互补的，都是有自己特质的，这就需要掌握团队角色识别方法。本章主要围绕这些问题的解决展开。

学习目标

- 掌握组建团队的步骤。
- 了解自己在所在团队中可以胜任的角色。

<h1 align="center">第一节 团队类型</h1>

成立团队，就是为了有效集中力量解决问题，达成想要实现的目标。了解不同类型的团队，是组建团队的基础。团队类型不同，组建的方式方法也会不同。

一、按照团队存在的目的和形态进行分类

如果按照团队存在的目的和形态进行分类，一般可以将团队划分成问题解决型团队、自我管理型团队、多功能团队和虚拟团队。

问题解决型团队（Problem - solving Team）。这类团队常常是某个组织为了解决团队中的某些专门问题而设立的。团队的成员通常每周利用几个小时讨论改进工作程序和工作方法的问题，并提出建议，但他们通常没有权力根据这些建议单方面地采取行动。例如，某制造业团队成立生产作业团队讨论如何提高产品质量、生产效率和改善工作环境等问题。

自我管理型团队（Self - management Team）。自我管理型团队是与传统的工作群体相对的一种团队形式。传统的工作群体通常是由领导者来决策，群体成员遵循领导的指令。这种传统团队一般隶属于某一个组织。而自我管理型团队则承担了很多过去由他们的领导来承担的职责，如进行工作分配、决定工作节奏、决定团队的质量如何评估，甚至决定谁可以加入到团队中来等。现在许多创业团队就属于自我管理型团队。自我管理型团队与传统的工作群体的主要区别如表 3 – 1 所示。

表 3 – 1　自我管理型团队与传统的工作群体的主要区别

自我管理型团队	传统的工作群体
多种技能的团队成员	一群独立的专业人员
信息得到广泛的分享	信息有限

续表

自我管理型团队	传统的工作群体
很少的管理层次	管理层次多
覆盖完整的业务过程	业务过程中的一种功能
目标共享	目标割裂
看上去混乱	看上去团队有序
强调达到目标	强调问题解决
高员工承诺	高管理者承诺
自我控制	管理者控制
以价值观/原则为基础	以政策/程序为基础

　　自我管理型团队能够很好地提高员工的满意度，但是有人发现与传统团队比较起来，自我管理型团队的离职率和流动率较高。

　　多功能团队（Cross – functional Team）。有的团队是由来自某组织内部同一层次、不同部门或工作领域的员工组成的，他们合作完成包含多样化任务的一个大型项目，这样的团队就是多功能团队，也称跨职能型团队。多功能团队打破了部门之间的界限，使来自不同领域的员工能够交流，有利于激发出新观点，协调解决复杂的问题。近年来，越来越多的团队采用这种跨越部门界限的横向小组。早在 20 世纪 60 年代，IBM 公司就组建了一个大型的特别任务工作组，它的成员来自公司的各个部门，用于开发后来十分成功的 360 系统。这个特别任务工作组就是一个临时性的多功能团队。实际工作中被广泛采用的委员会也是一种多功能团队。

　　虚拟团队（Virtual Teams）。前面的三种团队形式都是基于我们的传统理解的，即团队的活动是面对面进行的。由于现代科技的发展，如互联网、可视电话等的出现，使协同性的工作并不需要面对面进行。这种利用计算机和网络技术跨越空间把实际上分散的成员联系起来，以实现一个共同目标的工作团队，即为虚拟团队。

　　虚拟团队同样可以完成传统团队能够完成的所有工作任务，如分享信息、做出决策和完成任务等。与传统团队形式相比，虚拟团队表现出以下三方面的特征：一是缺少副语言和非言语沟通线索；二是有限的社会背景，如不需要深入了解其社会关系；三是克服了时间和空间上的制约。这些特点既创造了虚拟团队的工作优势，也带来了一些新的问题，如情感沟通不够问题等。

二、按照团队功能进行分类

按照团队功能进行划分，可以将团队分成生产服务团队、行动磋商团队、计划发展团队、建议参与团队。

生产服务团队通常是由专职人员组成的，从事的工作是按部就班的，很大程度上是自我管理的。例如，生产线上的装配团队、民航客机的机组人员、计算机数据处理团队等。

行动磋商团队由一些拥有较高技能的人员组成，共同参与专门的活动，每个人的作用都有明确的界定。这种团队以任务为中心，具有不同专门技能的团队成员都对成功完成任务做出贡献。团队面临的任务十分复杂，有时是不可预测的。例如，医疗团队、乐队、谈判团队、运动团队。

计划发展团队是由技术十分娴熟的科技人员或专业人员组成，并且团队人员来自不同的专业。这类团队的工作时间跨度一般较长。他们可能需要很多年才能完成一项发展计划，例如设计一种新型汽车，他们也可能是承担研究工作的永久性团队。常见的计划发展团队有科研团队、生产研发团队等。

建议参与团队主要是提供团队性建议和决策的团队。大多数建议参与团队的工作范围都比较窄，不占用大量的工作时间，成员在该团队中还有其他任务。例如，董事会、人事或财务的专业顾问团队、质量控制小组等。

第二节　团队从哪里来

当今世界，竞争是常态。团队间竞争的实质已经演变成为供应链、价值链的竞争，也就是合作伙伴间的竞争；个人的竞争，本质上是团队的竞争。例如，大学生的就业问题，现在就不是大学生本人一个人的事情了，其就业已经演变成为大学生所在学校、所在家庭成员、所在环境的系统问题。这也是另外意义上的团队了。所以我们说，现在是一个团队至上的时代。所有事业都将是团队事业。依靠个人的力量已经不能取得什么成就了。马云怎么起家的？我们都知道，他有一个非常优秀的团队。只有拥有了一支具有很强向心力、凝聚力、战斗力的团队，拥有了一批彼此间互相鼓励、支持、学习、合作的志同道合的合作者，个人才能不断前进、壮大。

团队从哪里来？不管哪种类型的团队，都不会自发生成，需要我们按照一定的方法和步骤去组建。一般来说，团队组建有三种方式：一是由所在组织指定人员成立团队，如某公司从现有研发人员中抽调一部分人出来组建某核心技术攻关团队；二是自发从组织中现有人员中挑选成员组建团队，如某高校教师要申报项目，从学科成员中挑选与自己研究相关相近的教师组成团队；三是由某人提出创意，在社会上挑选与自己志同道合的人组建创新创业团队，这种团队组建形式一般多体现在创业团队中，如马云的创业团队。团队组建从一定意义上说，是一个漫长的过程，在最初只能称为群体的正式群体慢慢演变成为团队。本书将以第三种形式的团队为例来重点谈谈怎么组建群体。群体组建的好坏，是组建团队的基础。就如要建一栋高楼大厦，如果原材料不好，要么是豆腐渣工程，要么就根本建不上去。

一般来说，不管哪种类型的团队，其创建需要经过如图3-1所示的一系列过程。

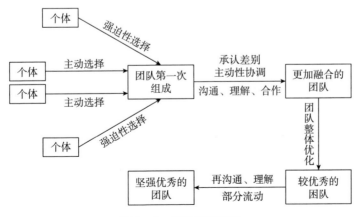

图3-1　团队组建过程

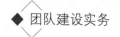

第三节 团队组建步骤

团队组建过程方法化，就是团队组建的步骤。团队组建的步骤主要有：

一、明确团队组建的目的

前面我们已经提到，团队根据任务目标的不同，可以分为许多种类型，也有不同的组建方式。不同类型的团队，其团队规则、工作性质、成员要求等都是不同的。例如，我们在第一章要求大家组建的团队，就是一个学习团队。我们组建这样团队就是为了学习掌握团队建设的基本方法，在学习过程中体验团队建设过程中可能遇到的问题和学习需要解决的方法。目的不同，我们对团队成员的要求也不同。以后还需要建立的团队规则与激励方式、工作方式也就完全不同。另外，团队任务的不同，导致团队的建立基础也不一样，如有一些团队，就基于上一级团队的需要，被指定组建，这样就有任务和资源的配给；也有一些团队，完全是自发的，由团队成员基于自身的需要而自愿组成，其资源需要自身去挖掘，如创业团队。这些因素，也都决定了团队组成的先天条件的差异性，也就决定了团队建设过程中的问题与困难的复杂性是不同的。明确了这些问题，才能有针对性地去开展下一步的工作。

二、撰写团队建设方案

现在我们做事情，特别强调要统筹谋划。把想做的事情做成方案，在方案的基础上不断进行讨论，完善，以便在正式实施过程中能够做到有计划有步骤，遇到问题有解决预案。通过撰写团队建设方案，可以进一步使团队建设思路清晰，也为后来的团队建设实施奠定理论基础。本书的各章节内容，实际上就是按照撰写团队建设方案的逻辑要求来安排的。如果课程结束，能够在脑海中留下清晰的团队建设思路，如果能够轻松写出一个团队建设方案，就说明我们的学习目标达到了。

一般来说，团队建设方案应该包括以下方面的内容：

团队定位与目标。就是团队未来在组织网络中的地位，如国内一流的科研团队或任务目标的达成情况。

优劣势分析。认真分析团队的情况，发掘团队的优势，了解自己的劣势，弄清楚团队面临的机遇与挑战，以及可能遇到的威胁与风险，等等。团队要对自己正在或即将从事的活动有足够清醒的认识。一般可以使用SWOT法分析团队的情况，从团队成员的性格特征、能力特征、拥有的知识、人际关系以及资源拥有等方面的情况来分析。

团队成员的组成情况。团队可以通过媒体广告、亲戚朋友介绍、各种招商洽谈会、互联网等形式寻找自己的合作伙伴。团队通常是需要那些能形成优势互补的合作者。

确定团队成员分工。通过分析，团队可以根据各成员的情况，选择有利于实现团队目标、有利于发挥成员各自优势的分工方式，如建立工作小组或明确各岗位职责。

建立团队管理制度。无规矩不成方圆。团队需要靠制度保证运行。团队管理制度一般包括：岗位职责、工作纪律制度、绩效考核与分配办法等。在团队建立之初，就应该考虑建立哪些制度。等团队正式组建后，供团队全体成员讨论决定后实施。通过制度的实施，为团队提升执行力打下基础，为团队沟通机制、文化建设提供制度保障。

团队风险应对与处理。这是为了能够有效应对团队建设危机所必须考虑的，也就是未雨绸缪。如创业团队，在找到有创业意愿的创业合作者后，双方还需要就创业计划、股权分配等具体合作事宜进行深层次、多方位的全面沟通。只有前期的充分沟通和交流，才不会导致正式创业后，迅速出现创业团队因沟通不够引起的解体。

团队文化与口号。高效的团队一定需要形成一定的团队文化。团队提倡什么、反对什么、遇到问题怎么应对、怎么沟通，等等，都必须有所考虑。团队口号是团队文化的集中体现。因此，需要制定团队的口号，以统一思想，提振士气。

[资料]

××团队建设方案书目录

一、团队定位与目标

二、团队文化与口号

三、团队成员与分工

    1. 团队成员情况

    2. 团队工作岗位设计与职责

    3. 团队成员分工安排

四、团队管理制度

    1. 团队工作流程

    2. 团队工作纪律

    3. 团队绩效考核办法

    4. 团队例会制度

五、团队及其环境的 SWOT 分析

六、团队风险应对与处理

三、招募志同道合的成员

一般该步骤可以和第二步同时进行。组建团队目的明确后，就需要围绕目的去招募成员。显然，不是什么人都可以加入进来。在人力资源管理里面，有一个人岗匹配理论，也就是说，某一种人只适合干某一个岗位的工作，就能够发挥最大的作用。那么，在一个团队中，一般需要一些什么样的人呢？团队是不是人数越多越好？肯定不是。根据团队理论，一个团队最佳的规模是 7~9个人，每一个人应该是互补的。比较流行和被多数人接受的观点是 8 个人比较合适。

[资料]

团队理论认为，一个高效的团队一般由具有如下特征的人构成：

1. 实干者（CW）

角色描述：实干者非常现实，传统甚至有点保守，他们崇尚努力，计划性强。喜欢用系统的方法解决问题；实干者有很好的自控力和纪律性。对团队忠诚度高，为团队整体利益着想而较少考虑个人利益。

典型特征：有责任感、高效率、守纪律，但比较保守。

作用：由于其可靠、高效率及处理具体工作的能力强，因此在团队中作用很大；实干者不会根据个人兴趣而是根据团队需要来完成工作。

优点：有团队能力、务实，能把想法转化为实际行动；工作努力、自律。

缺点：缺乏灵活性、可能会阻碍变革。

2. 协调者（CO）

角色描述：协调者能够引导一群不同技能和个性的人向共同的目标努力。他们代表成熟、自信和信任，办事客观，不带个人偏见；除权威之外，更有一种个性的感召力。在团队中能很快发现各成员的优势，并在实现目的的过程中能妥善运用。

典型特征：冷静、自信、有控制力。

作用：擅长领导一个具有各种技能和个性特征的群体，善于协调各种错综复杂的关系，喜欢平心静气地解决问题。

优点：目标性强，待人公平。

缺点：个人业务能力可能不会太强，比较容易将团队的努力归为己有。

3. 推进者（SH）

角色描述：说干就干，办事效率高，自发性强，目的明确，有高度的工作热情和成就感；遇到困难时，总能找到解决办法；推进者大多性格外向且干劲十足，喜欢挑战别人，好争端，而且一心想取胜，缺乏人际间的相互理解，是一个具有竞争意识的角色。

典型特征：挑战性、好交际、富有激情。

作用：是行动的发起者，敢于面对困难，并义无反顾地加速前进；敢于独自做决定而不介意别人的反对。推进者是确保团队快速行动的最有效成员。

优点：随时愿意挑战传统，厌恶低效率，反对自满和欺骗行为。

缺点：有挑衅嫌疑，做事缺乏耐心。

4. 创新者（PL）

角色描述：创新者拥有高度的创造力，思路开阔，观念新，富有想象力，是"点子型的人才"。他们爱出主意，其想法往往比较偏激和缺乏实际感。创新者不受条条框框约束，不拘小节，难守规则。

典型特征：有创造力，个人主义，非正统。

作用：提出新想法和开拓新思路，通常在项目刚刚起动或陷入困境时，创新者显得非常重要。

优点：有天分，富于想象力，智慧，博学。

缺点：好高骛远，不太关注工作细节和计划，与别人合作本可以得到更好的结果时，却喜欢过分强调自己的观点。

5. 信息者（RI）

角色描述：信息者经常表现出高度热情，是一个反应敏捷、性格外向的人。他们的强项是与人交往，在交往的过程中获取信息。信息者对外界环境十分敏感，一般最早感受到变化。

典型特征：外向、热情、好奇、善于交际。

作用：有与人交往和发现新事物的能力，善于迎接挑战。

优点：有天分，富于想象力，智慧，博学。

缺点：当初的兴奋感消逝后，容易对工作失去兴趣。

6. 监督者（ME）

角色描述：监督者严肃、谨慎、理智、冷血质，不会过分热情，也不易情绪化。他们与群体保持一定的距离，在团队中不太受欢迎。监督者有很强的批判能力，善于综合思考谨慎决策。

典型特征：冷静、不易激动、谨慎、精确判断。

作用：监督者善于分析和评价，善于权衡利弊来选择方案。

优点：冷静、判别能力强。

缺点：缺乏超越他人的能力。

7. 凝聚者（TW）

角色描述：是团队中最积极的成员，他们善于与人打交道，善解人意，关心他人，处事灵活，很容易把自己同化到团队中。凝聚者对任何人都没有威胁，是团队中比较受欢迎的人。

典型特征：合作性强，性情温和，敏感。

作用：凝聚者善于调和各种人际关系，在冲突环境中其社交和理解能力会成为资本；凝聚者信奉"和为贵"，有他们在的时候，人们能协作得更好，团队士气更高。

优点：随机应变，善于化解各种矛盾，促进团队合作。

缺点：在危机时刻可能优柔寡断，不太愿意承担压力。

8. 完美者（FI）

角色描述：具有持之以恒的毅力，做事注重细节，力求完美；他们不大可能去做那些没有把握的事情；喜欢事必躬亲，不愿授权；他们无法忍受那些做事随随便便的人。

典型特征：埋头苦干，守秩序，尽职尽责，易焦虑。

作用：对于那些重要且要求高度准确性的任务，完美者起着不可估量的作用；在管理方面崇尚高标准严要求，注意准确性，关注细节，坚持不懈。

优点：坚持不懈，精益求精。

缺点：容易为小事而焦虑，不愿放手，甚至吹毛求疵。

需要说明的是，团队中的某一种特征的人，不是唯一地出现在某一个人身上。一个人可能具有多种特征，或者说肩负多种角色。我们进行这样的划分，只是为了说明一个完美的团队，离不开具有这样特征的人的存在。因此，我们在考虑组建团队的时候，就应该充分考虑吸纳具有这样特征的成员的加入。

在团队中，还应该具有这样一种意识，不论是角色还是岗位，他们都是平等的，都是重要的，没有地位高低的区别，因此对团队任何成员不要也不能出现另眼相看。许多人认为，团队中的领导者才是最重要的，这是片面的认识。团队中没有闲人。

四、成员角色配置

该项工作在实践中，成员角色配置一般是通过职责分工和岗位职责来明晰，也就是说，让大家干擅长的事情。这在人力资源管理领域，就是团队设计和岗位分析。不是所有人可以干所有的工作岗位。务求人岗匹配，才能做最有效率的事情。

角色配置一般有两种方法：

一种是进行定性的评估，对成员进行分工和角色定位。该方法一般是根据成员的性格、性别、专业背景等方面进行考察，安排其到能够发挥其优势的工作岗位上去。

另一种是进行技术分析。通过技术方法可以让成员对自己有一个了解，让他们自己选择自己的工作岗位。现在一般采用贝尔宾团队角色测试表帮助成员了解自己承担的角色与适合从事的工作岗位。

[资料]

贝尔宾团队角色测试

方法如下：对下列问题的回答，可能在不同程度上描绘了您的行为。每题都有8句话，请将总分10分分配给每题的8个句子。分配的原则是：最体现您行为的句子分最高，以此类推。最极端的情况也可能是10分全部分配给其中的某一句话。请根据您的实际情况把分数填入后面的表中。

一、我认为我能为团队做出贡献是：

A. 我能很快地发现并把握住新的机遇。

B. 我能与各种类型的人一起合作共事。

C. 我生来就爱出主意。

D. 我的能力在于，一旦发现某些对实现集体目标很有价值的人，我就及时把他们推荐出来。

E. 我能把事情办成，这主要靠我个人的实力。

F. 如果最终能导致有益的结果，我愿面对暂时的冷遇。

G. 我通常能意识到什么是现实的，什么是可能的。

H. 在选择行动方案时，我能不带倾向性，也不带偏见地提出一个合理的替代方案。

二、在团队中，我可能有的弱点是：

A. 如果会议没有得到很好的团队、控制和主持，我会感到不痛快。

B. 我容易对那些有高见而又没有适当地发表出来的人表现得过于宽容。

C. 只要集体在讨论新的观点，我总是说的太多。

D. 我的客观算法，使我很难与同事们打成一片。

E. 在一定要把事情办成的情况下，我有时使人感到特别强硬以至专断。

F. 可能由于我过分重视集体的气氛，我发现自己很难与众不同。

G. 我易于陷入突发的想象之中，而忘了正在进行的事情。

H. 我的同事认为我过分注意细节，总有不必要的担心，怕把事情搞糟。

三、当我与其他人共同进行一项工作时：

A. 我有在不施加任何压力的情况下，去影响其他人的能力。

B. 我随时注意防止粗心和工作中的疏忽。

C. 我愿意施加压力以换取行动，确保会议不是在浪费时间或离题太远。

D. 在提出独到见解方面，我是数一数二的。

E. 对于与大家共同利益有关的积极建议我总是乐于支持的。

F. 我热衷寻求最新的思想和新的发展。

G. 我相信我的判断能力有助于做出正确的决策。

H. 我能使人放心的是，对那些最基本的工作，我都能组织得"井井有条"。

四、我在工作团队中的特征是：

A. 我有兴趣更多地了解我的同事。

B. 我经常向别人的见解进行挑战或坚持自己的意见。

C. 在辩论中，我通常能找到论据去推翻那些不甚有理的主张。

D. 我认为，只要计划必须开始执行，我有推动工作运转的才能。

E. 我有意避免使自己太突出或出人意料。

F. 对承担的任何工作，我都能做到尽善尽美。

G. 我乐于与工作团队以外的人进行联系。

H. 尽管我对所有的观点都感兴趣，但这并不影响我在必要的时候下决心。

五、在工作中，我得到满足，因为：

A. 我喜欢分析情况，权衡所有可能的选择。

B. 我对寻找解决问题的可行方案感兴趣。

C. 我感到，我在促进良好的工作关系。

D. 我能对决策有强烈的影响。

E. 我能适应那些有新意的人。

F. 我能使人们在某项必要的行动上达成一致意见。

G. 我感到我的身上有一种能使我全身心地投入到工作中的气质。

H. 我很高兴能找到一块可以发挥我想象力的天地。

六、如果突然给我一件困难的工作，而且时间有限，人员不熟：

A. 在有新方案之前，我宁愿先躲进角落，拟订出一个解脱困境的方案。

B. 我比较愿意与那些表现出积极态度的人一起工作。

C. 我会设想通过用人所长的方法来减轻工作负担。

D. 我天生的紧迫感，将有助于我们不会落在计划后面。

E. 我认为我能保持头脑冷静，富有条理地思考问题。

F. 尽管困难重重，我也能保证目标始终如一。

G. 如果集体工作没有进展，我会采取积极措施去加以推动。

H. 我愿意展开广泛的讨论意在激发新思想，推动工作。

七、对于那些在团队工作中或与周围人共事时所遇到的问题：

A. 我很容易对那些阻碍前进的人表现出不耐烦。

B. 别人可能批评我太重分析而缺少直觉。

C. 我有做好工作的愿望，能确保工作的持续进展。

D. 我常常容易产生厌烦感，需要一两个有激情的人使我振作起来。

E. 如果目标不明确，让我起步是很困难的。

F. 对于我遇到的复杂问题，我有时不善于加以解释和澄清。

G. 对于那些我不能做的事，我有意识地求助于他人。

H. 当我与真正的对立面发生冲突时，我没有把握使对方理解我的观点。

把自己评估的分值分别填入表 3-2 中，得分最高者就是自己适合承担的角色了。注意一点，一个人可能同时具有几种角色特征。

表 3-2　贝尔宾团队角色测试评分

	（CW）分值	（CH）分值	（SH）分值	（PL）分值	（RI）分值	（ME）分值	（TW）分值	（FI）分值
一	G	D	F	C	A	H	B	E
二	A	B	E	G	C	D	F	H
三	H	A	C	D	F	G	E	B
四	D	H	B	E	G	C	A	F
五	B	F	D	H	E	A	C	G
六	F	C	G	A	H	E		D
七	E	G	A	F	D	B	H	C
合计								

怎么应用贝尔宾团队角色测试结果呢?

（1）角色齐全。唯有角色齐全，才能实现功能齐全。正如贝尔宾博士所说的那样，他的理论不能断言某个群体一定会成功，但可以预测某个群体一定会失败。所以，一个成功的团队首先应该是实干家、信息者、协调者、监督者、推动者、凝聚者、创新者和完美主义者这八种角色的综合平衡。

（2）容人短处，用人所长。知人善任是每一个管理者都应具备的基本素质。管理者在组建团队时，应该充分认识到各个角色的基本特征，容人短处，用人所长。在实践中，真正成功的管理者，对下属人员的秉性特征的了解都是很透彻的，而且只有在此基础上组建的团队，才能真正实现气质结构上的优化，成为高绩效的团队。

（3）尊重差异，实现互补。对于一份给定的工作，完全合乎标准的理想人选几乎不存在——没有一个人能满足我们所有的要求。但是一个由个人组成的团队却可以做到完美无缺——它并非是单个人的简单罗列组合，而是在团队角色上亦即团队的气质结构上实现了互补。也正是这种在系统上的异质性、多样性，才使整个团队生机勃勃，充满活力。

（4）增强弹性，主动补位。从一般意义上而言，要组建一支成功的团队，必须在团队成员中形成集体决策、相互负责、民主管理、自我督导的氛围，这是团队区别于传统团队及一般群体的关键所在。

此外，从团队角色理论的角度出发，还应特别注重培养团队成员的主动补位意识，即当一个团队在上述八种团队角色出现欠缺时，其成员应在条件许可的情况下，能够增强弹性，主动实现团队角色的转换，使团队的气质结构从整体上趋于合理，以便更好地达成团队共同的绩效目标。事实上，由于多数人在个性、禀赋上存在双重甚至多重性，也使这种团队角色的转换成为可能，这一点也是为我们测试结果及实践所证实了的。

对团队成员的角色基本确定后，就可以进行其他的建设工作了。这会在我们以后的学习中逐步了解。

我们目前的各个小组，从严格意义上说还只是一个群体，也没有按照团队的要求来组建。以后经过不断地完善，一方面可以达成完美团队，另一方面也会将一些不够努力、不够积极的成员筛选出局。这个过程，也是今后在工作岗位上必须面对的。

第四节　团队组建中的常见问题

刚刚组建起来的团队，会存在一些问题，需要引起我们的注意。如果出现了，也不要大惊小怪，都是正常的。正确的处理是，先了解这些问题，一方面坦然面对，处变不惊；另一方面，在下一步的团队建设过程中，可以有的放矢，采取针对性措施。

团队没有凝聚力，造成"1+1<2"。团队成员的理念与方式不一致，团队思想没有统一，有些成员不认可团队的目标，和团队价值观有冲突。还有就是成员之间因为性格、个性、兴趣不合，导致磨合出现问题，团队活动难以正常开展。所以，在团队初建的时候，团队成员的价值观上不能彼此认同是正常的，没有凝聚力也是正常的。这个时候会出现整体功能小于部分功能之和，甚至小于单个部分的功能的现象。

团队目标不统一，难以形成合力。团队初创时期，成员的目标差异容易导致人与人之间难以沟通，会出现能力配置不良，每个人都有发展，但发展的方向不一致，不能出现合力。若团队成员间目标不一致，则造成的结果就是"1+1<2"了。在这种情况下，团队成员在性格上的差异和处理问题的不同态度就容易被掩盖。有些团队从表面上看，好像大家都在努力工作，但真正全身心投入者只有一到两个人，同时团队内又缺乏真正的沟通，那么该团队实际上并未形成真正的团队，充其量只是几个人力量的加总而已。

团队缺少一个有威望的领导。团队有时候会出现群龙无首的状态。在有些情况下，虽然团队成员目标一致，但缺少一个有威望的团队领导的指挥，团队成员也会陷入茫然状态。

目前，大家所在的团队就会出现以上问题。

任务

结合本次课内容，讨论决定成员各自在团队中可以担当的角色并说明理由。提交电子版本。

任务质量评价标准：

1. 有角色定位的方法说明。

2. 有角色特征分析。

3. 文档规整。

4. 能够充分反映团队讨论的信息。

第四章　团队定位与目标

不耻最后。即使慢，弛而不息，纵会落后，纵会失败，但一定可以达到他所向的目标。

——鲁迅

导语：团队组建好之后，接下来的事情就是要思考：我们这些人怎么行动？高起点行动还是低要求行动？向什么方向前进？这些问题就是团队的定位与目标设定问题。这是团队建设首先需要考虑的。

学习目标

- 掌握团队与个人定位的方法。
- 掌握团队目标制定的方法。

第一节　什么是团队定位？

有一句我们熟悉的话：如果决定做一棵小草，就不要去和大树比。这其实说明的就是关于一个人的定位问题。一个把自己定位在上层社会的人，是不屑于去做下层社会人士的事情的。同样，一个团队的定位也是这样，如果定位在一个较低的层次，就不可能有高的追求目标，就不可能有良好的团队建设措施。

李嘉诚办公室有一副左宗棠撰写的对联：

发上等愿，结中等缘，享下等福；

择高处立，寻平处住，向宽处行。

这副对联意思就是要求我们要有开阔的胸怀，高起点的人生定位，你才不会去在乎生活中的种种细枝末节。可以平淡看待人生的起起伏伏。

定位对一个人、对一个团队是非常重要的。

什么是定位呢？"定位"，是一个在品牌营销中经常提到的名词。在品牌营销中，定位就是让品牌在顾客的心智阶梯中占据最有利位置，使品牌成为某个类别或某种特性的代表品牌。如此，当顾客产生相关需求时，便会将该品牌作为首选。定位理论的创始人，美国著名营销大师杰克·特劳特开创了营销理论全面创新的时代。我们可以把品牌营销的定位理论移植到我们的团队建设中来。

人也好，团队也好，都是在一定的社会组织网络中，是众多社会组织网络中的一个节点。

如果我们把图 4-1 看作一个有层级的社会网络，C、A、B 分别代表处于不同的社会网络中的人或团队。如果定位不同，将决定他们有不同的社会位置。A 处于社会网络中的边缘，也比较靠近上层，一不小心就可能被社会网络抛弃，如一些功成名就的人士，他们甘愿淡泊名利，不随波逐流，是他们的人生定位。B 处于社会网络系统中的中下层，可能是过着平平淡淡的生活。C 完全处于社会网络系统之外，也处于一个比较"上层"，是"世外高人"。他们之所以能够处在不同的层级上与网络中，可能就与他们的定位有很大的关系。

一些与定位相关的问题：我们为何会感觉不幸福？我们为何会社会不和谐？这和定位与目标也是有关系的。你本来是富裕阶层，你还想去掠夺草根的财富；你本来是上层社会的人，你却只有底层人士的品位。欲望的无序与定位不符也是导致感觉不幸福的原因，也和定位不清晰有很大的关系。

我们还经常谈格局。定位就决定了一个人的格局。人的格局是由胸怀、气魄、谋略、胆识与毅力等决定的。定位越高，格局越大；格局越大，成就越大。

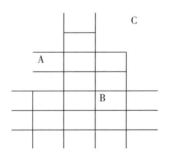

图 4 - 1   定位示意图

对于一个新组建的团队，成员都是新人，初入团队，或许难免斗志昂扬，幻想着终于可以在团队一展鸿鹄之志了；或许悲观丧气，觉得团队没有发展前途困难重重。这些现象的存在，就与团队的定位有非常大的关系。团队定位明确，就会有大的团队格局，就会激发成员的进取意识，不会为细枝末节的事情困扰，就会成为凝聚成员的力量。

一般来说，团队的定位包含两层意思：团队的定位和成员的定位。团队在整个社会组织中处于什么位置，由谁选择和决定团队的成员，团队最终应对谁负责，团队采取什么方式激励下属，等等。这些都和定位有一定的关联。成员的定位，主要是指作为成员在团队中扮演什么角色。团队的定位决定成员个人的定位。所以自古以来，就有"良禽择木而栖，良将择主而事"一说。讲的就是一个优秀的人，需要在一个优秀的领导及其团队里面，才能发挥应有的作用。

第二节   团队怎么定位

一、团队定位方法

根据团队所处的形势，可以有三种定位方法。

1. 抢先定位

抢先定位是指团队在进行定位时，力争使自己的团队第一个进入优秀的位置，抢占所有同行团队中的第一位置。团队训练的经验证明，最先具有第一概念的团队，最终进入优秀团队的概率在90%以上。例如，我们现在的 10 多个团队中，如果你所在的团队从一开始就定位在追求优秀团队层面，到最后的结果，就可能成为优秀团队；如果定位在合格团队，就很可能只能是合格团队。定位不同，影响整个团队的精气神，在实际表现中，你就难以有优秀的表现。

2. 标杆定位

在马拉松的比赛中，经常有运动员采用该方法。就是以自己的某个竞争对手为标杆，紧紧盯住他，不求超过，只求不拉下太大距离。到关键时刻发力，一举超越他。标杆定位其实是一种借力的定位，借力于某优秀团队激发自己团队的斗志和毅力。

3. 差异定位

我们已经知道，一个团队的成员是有差异性的，不可互相替代的。同样，在众多的团队里面，也可能存在这样的情况。例如，我们现在有 10 多个团队，是不是每一个团队都应该是同质的？不一定。我们每一个团队的成员不一样，我们整个团队的特质就不一样。团队成员的特质就决定了团队的特质。你这个团队以文艺体现优势，我这个团队可以用技术体现水平。例如，在以后的团队任务中，会要求大家根据自己的优势设定目标任务而一起去完成，就可以根据这一宽松的要求去挖掘自己的潜质，做和别的团队不一样的团队。

什么条件下该采用哪种定位方法呢？这要根据不同的团队组建条件和环境来确定。如果是创业团队，就应该采用差异定位方法；如果是竞赛型团队，就可以采用标杆定位方法；对我们目前的学习型团队来说，大家都在一个起点上，互相也不了解，就可以采用抢先定位方法，把自己团队定位在优秀层次，力争把每一个任务完成好。

二、团队定位步骤

掌握了定位方法，我们该如何运用这些方法呢？那就是通过识别支撑定位的可能性竞争优势，选择正确的竞争优势，有效地向外界表明团队的定位，围绕定位开展相应的团队建设活动。要做好团队定位，一般需要四个步骤：

第一步，分析整个外部环境，确定"我们的竞争对手是谁，竞争对手的价值是什么。"例如，我们现在的团队，就都是在同一起点，来自不同专业的同学，都没有明显的竞争优势，所以都是竞争对手。

第二步，分析内部因素，确定所在团队的优劣势。在这个步骤里面，要充分发挥成员的作用，大家畅所欲言，把各自的想法进行充分的暴露，自己可以做什么，不能做什么，整个团队可以在什么方面努力，在什么地方突破，等等。这样，就可以形成一个团队的特质。

第三步，采用什么定位方法。抢先定位还是标杆定位，这就需要结合上面的两个步骤的成果来决定。例如，在我们这样的学习型团队，就适合采用抢先定位方法。

第四步，制定与定位匹配的团队建设策略。也就是说，整个团队的建设活动要和团队定位协调统一。如果你所在团队决定争取成为优秀团队，那整个目标的设定，团队的激励措施，成员的角色配置，都必须体现较高的要求，等等。

第三节　团队成员怎么定位

在我们成长的道路上，一直会遇到许多困惑。比如，我们把自己定位在一个积极上进的人层次上面。可是，为什么还会有批评我们"眼高手低"？为什么长辈会说我们"办事不牢"？为什么我们豪情万丈、激情四溢，却依然得不到老师来"委以大任"？为什么我们看到一些同学在学校年年拿奖学金、出自名校，却得不到用人单位的青睐……如果你遭遇了上述问题，如果你觉得自己怀才不遇，如果你觉得你欠缺的只是一个机遇，那么，先别忙着学习工作、忙着抱怨，不妨静下心来，好好为自己进行一番定位吧。因为一个人要想取得成功，要想发挥出自己最大的潜能，除了要正确认识自己之外，就是要能正确地给自己的人生定位。我们生活在一个充满机遇和挑战而价值多元的社会，最需要这样一种明晰的定位判断。

人生是在改变中实现自己的价值。不一定是按照自己设计的轨道前进，但是一定是在自己的定位紧密相关中前行的。班超投笔从戎，建下千秋功业；中山先生弃医从政，成为一代伟人；鲁迅弃医从文，终成一代文学巨匠。人生的轨迹是变化的。但定位是恒定的。孙中山如果不是把自己定位在一个救国救民的角色上，他不可能那么义无反顾、不畏艰难地奋斗。今天，经济发展迅猛，科技日新月异，我们面对的环境是在不断地变化，更需要不断准确把握时代脉搏，认识自己长短，适应快速变化。在我们的日常生活当中，杰出的人物毕竟是极少数的，绝大部分人们的智商水平都差不多。之所以有人会取得成功而大部分人会平平凡凡一生，取决于他们能否在实践过程中根据自己的潜力和特质匹配自己的定位，并坚持下去，才能成功。

定位如此重要，那么影响定位的因素有哪些呢？在上一部分，我们学习的只是角色配置。知道自己适合哪种角色，还不是一个定位的问题。比如，如果我们认为，不管干什么岗位，只是分工的不同，只要把本职工作干好了，一样可以做出贡献，这就是定位了。决定一个人的定位的因素，一般来说有以下因素：

（1）性格。有人写了一本书，书名叫"性格定位人生"，该书指出，同样的社会背景，同样的家庭环境，同样的生活机遇，同样的智商，然而最后，有的人成功了，有的人失败了，原因就在于性格的力量在发挥作用，性格在定位人生——成功或失败！每个人都有不同的性格，不同的性格又决定了你不同的做事风格和做事领域。如果你做了与性格相宜的事，你就能成功，因为你的性格给了你这样的能力；如果你蔑视你的性格和天赋，执意去做别的事情，那么，结果只能用两个字来代替——失败。因此，你人生道路上的失败往往从你违背自己的性格时就开始了。一个外向好动的人，你让他整天坐在一间沉闷的房间里做统计工作，他一定会憋得忍受不了；相反地，你让一个性格羞涩、文静内向的人独当一面地跑业务、谈生意，估计他也是很难胜任的。因此，性格直接影响着一个人的人生定位。

（2）爱好。东晋名士陶渊明"不为五斗米折腰"，毅然离开了曾经混迹十三年的官场，归隐于庐山脚下，躬耕田园，饮酒赋诗，终老一生。着实是活出了另一番精彩！他的归隐，让他定位了自己的人生，让他做了他自己最喜欢的事，成为了他喜欢的自己。也正因如此，他才有机会将田园诗发扬到极致，才让后世读到了如此美丽的诗。因此，陶渊明一直被视为超凡脱俗的代表。而他曾住过的"世外桃源"，也带给后人以无限向往。每个人都有自己的兴趣爱好，如果能够将自己的爱好变成人生的伴侣，那该是一件多么幸福的事情！有很多人在面临人生的选择时，都会下意识地把自己的兴趣爱好与人生定位挂起钩来。

（3）教育水平。文化程度对一个人的人生定位有着直接而深刻的影响，这一点几乎可以说是不言而喻的。试想，一个只有初中甚至小学文化的人，他会把自己的奋斗目标定位在专家学者上吗？即使会，那也算不得是一种人生定位，只能说是一种不切实际的空想，或者说，那也只是凤毛麟角的人需要付出常人难以想象的努力。而一个硕士生相信也不会将自己的人生定位在当一名售货员或者某单位的收发员，即使他可能因种种原因目前不得不做售货员或者收发员的工作，相信他也绝不会甘心将这种现状维持一辈子的。因此，有什么样的文化程度，必会有与之相对应的人生定位。

（4）社会背景。社会背景不仅仅指他拥有的社会关系，还包括他的人生经历与工作经历。一个社会背景丰富的人，他对待社会、处理问题的方式方法与其他人是不一样的。一个刚刚从学校走出去的大学生和一个在社会上经历了许多困难和挫折的人定位肯定是不同的。大学生的定位可能比较高，有社会背景的人可能会低许多。

（5）家庭背景。俗话说："龙生龙，凤生凤，老鼠生儿打地洞。"虽然这种说法现在看起来未免有些偏颇，"鸡窝里飞出金凤凰"的事例也比比皆是，但是从一个侧面，至少我们可以看出这样一个道理，那就是在我们确定自己的人生定位的时候，家庭背景对我们的影响力是绝对不可小觑的。比如，一个家庭境况不好的人，他的人生定位可能就是稳扎稳打，过一种风险不大的生活为主，除非被逼到需要背水一战。

（6）社会环境。我们每个人都是"社会人"，身处在社会这个大家庭之中，常常会身不由己地受到各种社会风潮的影响。许多人在规划自己的人生目标的时候，也会自觉不自觉地跟着社会潮流转。比如，现在鼓励创新创业，许许多多的人就都跃跃欲试，都想成为下一个马云。

（7）国家导向。国家的政策导向会影响社会风潮，但是又和社会风潮不完全一致。回想当年，热血青年响应号召上山下乡，把自己的人生目标与国家的号召紧紧地连在了一起，尽管很苦很累，但是那些青年感觉很有价值；如今国家大力开发西部地区，又有大批志在四方的年轻人主动要求奔赴西部，把自己的未来系在了那片有待开发的热土，这是把国家需要和自身价值实现联系在一起。正所谓国家兴亡匹夫有责，更何况朝气蓬勃的年轻人，能将自己的人生定位与国家的兴衰联系起来，那该是何等的光荣！这就是一种人生定位，不仅仅是职业选择。

（8）亲友的意见。俗话说："一个好汉三个帮。"谁人没有几个朋友？而作为好朋友，在你面临种种选择的时候，他们肯定会给你一些意见和建议，这些参考意见将会对你的最终选择产生一定的影响。除朋友外，关心你的前途的人当然还有你的亲戚，他们也会从不同的立场、各自的角度给你出谋划策，同样，他们的意见也会不知不觉地影响着你的最终决定。

总之，个人的定位影响因素有很多，也会影响我们工作的态度、合作的表现，等等。上面只是从人生的角度来讨论的。在团队中的定位，就是人生定位的浓缩和细化。一个对人生定位不准确的人，就会在团队定位中出现摇摆，影响在团队中的表现。

第四节　团队目标

在团队建设中，有人做过一个调查，问团队成员最需要团队领导做什么，70%以上的人回答——希望团队领导指明目标或方向；而问团队领导最需要团队成员做什么，几乎 80% 的人回答——希望团队成员朝着目标前进。从这里可以看出，目标在团队建设中的重要性，它是团队所有人都非常关心的事情，有人说："没有行动的远见只能是一种梦想，没有远见的行动只能是一种苦役，远见和行动才是世界的希望。"

"团队目标是一个有意识地选择并能表达出来的方向，它运用团队成员的才能和能力，促进团队的发展，使团队成员有一种成就感。"因此，团队目标表明了团队存在的理由，能够为团队运行过程中的决策提供参照物，同时能成为判断团队进步的可行标准，而且为团队成员提供一个合作和共担责任的焦点。

[资料]

哈佛大学有一个非常著名的关于目标对人影响的跟踪调查，对象是一群智力、学历、环境等条件都差不多的年轻人，调查结果发现：

27% 的人，没有目标；

60% 的人，目标模糊；

10% 的人，有比较清晰的短期目标；

3% 的人，有十分清晰的长期目标。

25 年后的跟踪调查发现，那些被调查的人，由于其目标不同，他们的生活发生了翻天覆地的变化：

那 3% 的人，25 年来几乎都不曾更改过自己的人生目标，他们始终朝着同一个方向不懈努力，25 年后，他们几乎都成了社会各界顶尖成功人士，他们中不乏白手起家的创业者、行业领袖、社会精英。

那 10% 的人，大多生活在社会的中上层。他们的共同特点是，那些短期目标不断地被达成，生活质量稳步上升，他们成为各行各业不可缺少的专业人士，如医生、律师、工程师、高级主管等。

那 60% 的人，几乎都生活在社会的中下层，他们安稳地生活和工作，但都没有什么特别的成绩。

最后那 27% 的人，他们几乎生活在社会的最底层，他们的生活都过得很不如意，常常失业，靠生活救济，并且抱怨他人，抱怨社会。

调查结论是：目标对人生有巨大的导向性作用。成功在一开始仅仅是一种选择，你选择什么样的目标，就会有什么样的成就，就会有什么样的人生。

有时，我们在进行团队建设时，可能觉得为团队确定目标还是相对比较容易的，但要将团队目标灌输于团队成员并取得共识——责任共担的团队目标，可能就不是那么容易的事情了。所谓责任共担的团队目标并不是要团队每个成员都完全同意目标——这是难以做到的；而是尽管团队成员存在不同观点，但为了追求团队的共同目标，各个成员求同存异并对团队目标有深刻的一致性理解。要形成团队共享目标，应从以下五个方面着手：

第一，对团队进行摸底。对团队进行摸底就是向团队成员咨询对团队整体目标的意见，这非常重要：一方面可以让成员参与进来，使他们觉得这是自己的目标，而不是别人的目标；另一方面可以获取成员对目标的认识，即团队目标能让团队做出别人不能做出的贡献，团队成员在未来应重点关注什么事情，团队成员能够从团队中得到什么，以及团队成员个人的特长是否在团队目标达成过程中得到有利发挥等，通过这些广泛地获取成员对团队目标的相关信息。

第二，对获取的信息进行深入加工。在对团队进行摸底收集到相关信息以后，不要马上就确定团队目标，应就成员提出的各种观点进行思考，留下一个空间——给团队和自己一个机会，回头考虑这些提出的观点，以缓解匆忙决定带来的不利影响；正如管理名言——做正确的事永远胜于正确地做事！

第三，与团队成员讨论目标表述。树立团队目标与其他目标一样也需要满足 SMART 原则：具体的（Specific）、可以衡量的（Measurable）、可以达到的（Attainable）、具有相关性（Relevant）、具有明确的截止期限（Time - based）。与团队成员讨论目标表述是将其作为一个起点，以成员的参与而形成最终的定稿，以使获得团队成员对目标的承诺。虽然很难，但这一步确是不能省略的，因此，团队领导应运用一定的方法和技巧——比如，头脑风暴法：确保成员的所有观点都讲出来；找出不同意见的共同之处；辨识出隐藏在争议背后的合理性建议；从而达成团队目标共享的双赢局面。

第四，确定团队目标。通过对团队摸底和讨论，修改团队目标表述内容以反映团队的目标责任感；虽然，很难让百分百的成员都同意目标表述的内容，但求同存异地形成一个成员认可的、可接受的目标是重要的，这样才能获得成员对团队目标的真实承诺。

第五，目标分解与执行。由于团队在运行过程中难免会遇到一些障碍，比如，团队大环境对团队运行缺乏信任、成员对团队目标缺乏足够的信心等。在决定团队目标以后，尽可能地对团队目标进行阶段性的分解，树立一些过程中的里程碑式的目标，使团队每前进一步都能给团队以及成员带来惊喜，从而增强团队成员的成就感，为一步一步完成整体性团队目标奠定坚实的信心基础。

总之，对团队目标达成一致并获得承诺，建立目标责任是团队取得成功的关键。

任务

请一起讨论制定本团队的定位与目标。并派代表阐述定位与目标制定的过程、依据与实施路径。

评价标准：

- 目标可行性。
- 路径可行性。
- 过程完备性。
- 依据科学性。

第五章　团队领导

老板创造恐惧，领导者创造自信。老板能修正过失，领导者能改正错误。老板什么都知道，领导者总是问问题。老板让工作成为苦差事，领导者让工作变得有趣。老板专注于他自己，而领导者专注于整个团队。

——Russell H. Ewing

导语：团队的管理架构和制度建立后，怎么实现团队的运作呢？那就靠领导及其执行了。本章主要探讨团队领导，即从整个团队的需求出发，如何实施团队的领导。因此，本章主要解决两个问题：一是怎么做团队优秀的领导者？二是怎么做优秀的被领导者。

学习目标

- 了解团队领导的要求。
- 掌握做被领导者的方法。

思考与讨论

团队领导的作用有哪些？

领导在中国文化里面有特别的魅力。因为它经常和"官"联系在一起。大家都愿意、都喜欢"当官"。"当官"后，意味着拥有权力。在团队里面，是不是也应该有这种意识？答案是：不能。因为，在团队里面，领导只能是一种角色分工，不应该有地位、身份的区别。否则，团队建设就会出现问题。从这个意义上说，团队领导是团队所有成员都需要参与的事情。

第一节　团队领导者是什么

一、团队领导

从领导者的角度看，团队领导，就是团队的领导者，负责为团队提供指导，并为团队制定长远目标，在适当的时候代表团队处理与团队所处的组织内其他部门关系的角色。它属于这个团队，是这个团队中的一员并且从团队内部施加影响。团队领导者的产生形式可以是多种多样的，如上级任命，或团队自发产生。团队领导通常与团队合作结合在一起，在社会团队中，这种情况比较普遍，如最高主管和较高层级的经理人是团队的领导。

团队领导不同于传统的领导，传统的领导其影响力的发挥主要是靠法定授权来达到的。团队领导的作用不是靠法定授权和强制权，主要是靠专长权和个人魅力的影响来实现的。传统领导的方式各有不同，虽然传统领导在作决策时会让下属不同程度地参与，但总的来说还是依靠命令来指挥下属的行动。团队领导与传统领导的区别在于，团队领导主要是通过引导来影响成员的行为，其在团队中的作用就如球队中的教练作用。团队领导需要给予成员充分授权，激发成员的工作热忱、善当教练、营造良好的团队氛围，等等。

二、团队领导职能

团队领导的职能包括：

推动团队联络。团队联络包含联络、意义赋予、表征等活动。团队的大多数问题都来源于环境，领导需要诊断（Diagnose）团队外的变化和事件，同时负责解释团队任务，例如，在军队中，连长和排长传达上级的命令时要转化成具体的行动，在这个转译过程中包含了多种领导活动，其中主要是获取有关团队任务的信息和完成任务的资源。

建立团队目标。团队是以目标为存在前提的，目标在广义上可以是远景，狭义上是具体可操作的任务步骤，目标可以是短期、中期或长期的。建立了目标方向能使团队保持与外部环境的同步。

协调团队运作。为了提高团队有效性，即确保整体大于部分之和，团队领导要监控协调队员的活动，将队员的活动水平、步骤或顺序实现制度化，同时让队员理解这种顺序的合理性；当团队活动不能适应环境时，领导要负责做出适当的调整；建立和维持合适的心理氛围。

总的来说，一方面，领导要对团队内部结构、任务分配、工作流动进行系统的监控、管理和组织，当组织的远景规划转化为团队的目标后，团队领导要明确任务需要、确定并评估可能的解决方案、选择最优方案并利用所有资源来实施方案，同时将这些方案计划有效地传达给队员。这种传达的内容具体包括实施方案所需要的活动、活动如何协调、评估作业或任务完成的方式等；另一方面，领导在要组织框架下根据团队目标选拔和管理队员及资源引入，人员选拔与管理包含选拔、聘用、培养及激励队员，团队领导不需要在每次分配任务之后重新调整队员的知识、技能和态度，通过在每次任务完成过程中的培训和指导，使团队在面临新的任务时，队员有充分的准备和把握实施新计划并完成新任务；资源管理要求团队领导获取充足的资源并且有效地运用到团队活动中。

具体来说，团队领导的工作职能表现为如下五个方面：

- 信息沟通，让团队成员受到决策影响，知道发生什么事。
- 影响他人，通过付出个人心力，公平对待团队中的所有成员。领导的本质是管理自己，影响他人。
- 提升凝聚力，运用复杂的策略提升团队的士气和生产力。
- 满足需求，确保团队成员的实际需求得到满足。
- 组织管理，确保团队成员接受领导者的任务、目标、计划、趋势、协

调、政策等。

三、团队领导力

团队领导者的能力表现为对团队的领导力。团队领导力就是指团队领导者在团队范围内充分地利用各种资源，以最小的成本、最高的效率，达成团队目标的能力。团队领导力可以看作一系列行为的组合，而这些行为将会激励所有成员去行动，不是简单的服从。团队领导力主要表现在团队领导者为其所在团队设立绩效目标，在更宽泛的团队层面上维护所在团队的利益，为团队争取所需要的资源外，还需要有指挥、负责管理、远见、群体管理和激发、真心关切团队成员等。

在团队中，团队领导是团队的头，也是最需要做出决策的人，所以团队领导者领导水平和能力的高低对团队决策和团队效能都有很大的影响，而在一个团队中，其领导者能否成为一个让人信服的优秀的领导，很大程度上又是由其多方面的领导能力所决定的。团队领导力主要包括：

团队统筹力。火车跑得快，全靠车头带。作为团队的"领头羊"，是否有总揽全局和协调各方的能力，是团队领导力的一个重要标准。团队领导者要做到对全局的系统掌控，统筹兼顾。团队领导应从全局效益上考虑问题，系统协调，提高团队效率。

团队决断力。团队决断力是团队领导者是否能够快速做出正确决断的能力表现。作为一个团队的领导者要有决断力，不能让团队遇见困难和问题时没有解决和应对方案，悬而不决，犹犹豫豫。在问题面前徘徊不定，犹豫不决，是很多领导者可能会面临的情况。领导者的团队决断力深刻的影响团队的执行力，犹豫不决会导致团队可能错过解决问题的最佳时机，使团队更加被动，承担更多不必要的责任和压力。

团队组织力。团队组织力是团队领导在团队运动过程中有效进行资源配置，在组织内部能够选贤任能的能力表现，也是团队领导者个人的知识能力等基础条件的外在表现。这里所谓的组织力应该是一个合力，它要求领导者在工作中以完成工作目标为原则，合理分配团队各项资源，同时能够利用多种方法激励成员更高效率的工作，最终实现团队目标的。通常认为组织力包括：组织能力、对下属的激励能力、授权能力、处理冲突能力和选人用人能力和协调能力等。

团队推行力。团队推行力是团队领导者推动团队高质高效运行的能力。团队领导者的推行力是指其能够有效地利用资源，通过采取多种方式激励成员提升任务的运行进程和快速高效的落实，顺利完成既定目标的水平和能力。对领导者个人来说，团队推行力就是领导者的办事能力；对于整个团队而言，团队推行力就是一个团队的战斗能力，关乎整个团队的整体效能。

团队感召力。团队感召力是团队领导者个人的人心所向的能力，领导者的性格特点、相貌气质、谈吐品行、才学能力等诸多因素综合起来构成了领导者的感召力。这种感召力体现在领导者所有的思想和行动中，并从深层次上对团队成员产生深刻而积极的影响。领导力其实就是领导者魅力的发挥，是通过领导者的魅力来影响和感召他人达成目标的一个过程。

总之，团队领导者要带领团队成员有效实现团队目标就要充分认识到团队领导力的重要意义，并且通过不断苦练内功，加强外功，不断提升自身各项领导力，为实现团队目标而努力奋斗。

四、领导风格

有关领导的理论很多，随着管理理论的发展，领导理论大致有四种理论学派：早期的特质理论和行为理论、近期的权变理论以及当前的领导风格理论。按照时间的顺序，在 20 世纪 40 年代末，也就是领导理论出现的初期，主要流行领导特质理论，其核心观点是：领导能力是天生的；从 20 世纪 40 年代末至60 年代末，主要流行领导行为理论，其核心观点是：领导效能与领导行为、领导风格有关；从 20 世纪 60 年代末至 80 年代初，出现了领导权变理论，其核心观点是：有效的领导受不同情景的影响；从 20 世纪 80 年代初至今，出现了领导风格理论，其主要观点是：有效的领导需要提供愿景、鼓舞和注重行动。

下面介绍主要领导风格的六种类型。

1. 指令型领导

指令型领导表现为"一言堂"式的决策方式，员工只有按照指示执行，没有其他想法的可能性。这种风格可以打破过去束缚住团队手脚的条条框框，鞭策成员采用新的工作方式；在对付常规方法无法管理的问题时，指令型风格也会起作用。这种领导风格一般在工作中没有任何灵活性，不利于创新思想，成员没有被尊重的感觉，这种风格对成员责任性和激励性有严重的打击，容易造成成员不认同团队的目标和价值观，对团队没有忠诚度的后果。

对创业团队来说，大部分的创业者都有这种特质。在初创阶段，团队的人才有限，资源也一样。太发散性的执行也许不是最好，反而指令型领导可以把大家的精力和资源聚焦在一起。时间长了，这些创业者的指令型风格也就根深蒂固了，导致他们的领导风格受限。

2. 领跑型领导

领跑型领导一般表现为会制定极高的业绩标准，而且总是以身作则，会沉迷于工作的质量和速度，同时要求团队其他成员也一样，对表现不满意的成员很快就会将其替换掉。这种领导风格者能够以身作则能有效激发成员工作激情，对能力优秀的团队起到意想不到的效果。同时，能以身作则给成员一个好的工作示范。该领导风格的不足是容易毁坏组织气氛，面对高标准和严要求，很多成员会感到吃不消，他们的士气会严重受挫；这种类型的领导者自己可能了解工作的指导原则，但是从不清楚地说出来，希望成员自己领会，让成员苦于揣摩领导的心思，无心做好工作。这类领导本身就喜欢大小事情亲力亲为。他们不会太介意自己的身段，或者哪些事情不该由他们来做。能够与这种领导者工作的确能够学习到非常多的经验、技能和知识。但是这种领导者也很容易变成微管领导者。一旦他们知道多了，参与多了，他们会觉得如果事情没有他们的参与，效果不见得会那么好。一旦他们开始参与到不该参与的细节里，这也意味他们可能会忽略一些原本属于他们自己的职责。

领导者不应该长期扮演领跑型领导。领导者仅应该在新项目中或难度较高的项目中采用这种风格。

3. 愿景型领导

愿景型领导一般表现为能够让成员清楚地知道自己的工作是团队愿景目标

的一部分，通过强调最终目标，不过问成员如何达到这些目标，给成员充分发挥潜力的空间。这种领导风格适用于所有的组织环境，是所有领导风格中最有效的，对团队气氛的每一方面都会起到正面的作用。这种领导风格可以让成员强烈地感觉到自己是团队的一部分，从而激励成员。同时，在团队失去发展方向时，能有效地为团队描绘新的航向，给成员带来全新的长期愿景。当然，这种领导风格当面对一群经验更加丰富的专家和同事时，可能会被认为是自高自大，只会纸上谈兵，且如果只有能力谈远景而没能力去实现远景，也只会纸上谈兵。

团队领导者在某个阶段必须扮演愿景型领导。如果团队领导者没有扮演过任何愿景型领导，团队很有可能是没有大方向的。当然，团队领导者是绝对不可以长期只扮演愿景型领导。愿景型领导虽然能够给团队提供很好的发展方向，愿景还是需要落地的。很多时候团队无法实现自己的愿景与愿景本身的好坏无关，反而是能不能有效落地执行决定了愿景的实践。

除非愿景型领导是在能够落地执行的团队，否则愿景型团队领导需要转换成领跑型领导来带着团队实践愿景。

4. 亲和型领导

亲和型领导一般表现为以员工为中心，认为个人和感情比任务和目标更重要。这种领导风格对沟通有极大的促进作用，从而提高团队的灵活性，成员和领导像朋友一样相处，相互信任。在这种领导风格下的成员会愿意尝试一些革新性的想法和冒险行为，成员有较高的归属感。亲和型领导从不吝啬表扬之词。当然，这种领导风格容易出现有赏没罚的状况，会使糟糕表现无法得到纠正，成员会认为平庸的表现也可以被接受，同时，很少指导下属进行改进，在遇到复杂问题时，成员很容易迷失方向。但是，这类团队领导者很容易获得其他成员的爱戴。亲和力可以帮忙领导者把团队凝聚在一起，但是只有单纯的亲和力是无法带领团队发展的。

亲和型团队领导可以与指令型领导、领跑型领导或愿景型领导切换配合运用。

5. 民主型领导

民主型领导一般会花时间了解下属的想法和意见，集思广益。这种领导风格能够让成员积极参与各项工作，可以增加推进工作的灵活性和责任性，并通过倾听成员建议使成员保持高昂的士气。当然，这种领导风格在成员能力不足或信息不畅的情况下，作用会大打折扣，因为要寻求及获得大多数人的共识，影响决策及执行的进度。这类领导者与指令型领导看似相反的风格，但不代表一位领导者不能在不同时刻扮演着指令型领导和民主型领导角色。在需要听取意见时，民主型领导会产生更好的效果。显然，当意见太多、太散时，指令型领导就显得果断许多。

6. 辅导型领导

辅导型领导比较专注于人才发展，而不是一时的工作成果。这种领导风格适用于多种组织环境，但只有在成员欣然接受辅导的情况下才最有效。这种领导通过与成员持续不断地进行沟通有利于改进团队气氛的各个方面。当然，这种领导风格容易被认为见效慢，而且乏味枯燥，且因为不关注业绩表现，对任务完成帮助不大。虽然没有明文规定领导者必须辅导成员，但是研究显示世界级的优秀领导者都是有扮演过辅导型领导的。通过他们在日常的工作辅导，团队成员的经验、知识和技能变得越来越好，从而提高团队的产出质量。可惜这种领导者的成就一般是六种领导者之中最薄弱的。这主要是因为很多领导者没有辅导他人的习惯及能力。

需要注意的是，很少有人能集六种领导风格于一身。而能够把握时机，对这些领导风格运用得当的领导者更是少之又少。虽然如此，如果想成为优秀的团队领导，就要努力培养自己的多元化的领导风格。

要培养自己的多元化的领导风格，需要充分了解这六种领导风格的关键行为，包括什么团队及情况适合用和可能造成的负面影响。一般来说，要掌握好一种领导风格就必须懂得这种领导风格能够在什么样的情况，达到什么样的结果。领导力不是一本简单的教科书，单靠读和了解是不够的，最关键的还是有效的运用。在运用过程中，没有一个人会按照固定的方式思考和行动，从而增加了掌握每一种领导风格的难度。

情商是领导力的核心。运用任何一种领导风格都会非常考验领导者的情商。例如，亲和型领导需要有同理心。如果领导者本身在这方面比较弱，每次想运用亲和型风格时，就需要特别注意自己的情绪控制。如果领导者要扩充自己所能展现的领导风格，就需要了解自己缺乏的领导风格由哪些情商成分组成，然后有针对性地提高自己这方面的情商。

熟悉每种领导风格是一回事，能够从这六种风格中相互替换是另外一回事。要做到这点，成为优秀的领导者就需要超高的情商。总的来说，情商决定了领导者的领导力。

第二节 谁可以成为团队领导者

谁可以成为团队领导，实际上包含两个问题：一是团队领导需要具备的素质；二是团队领导是怎么产生的。

一、团队领导需要的能力

什么样的成员可以成为团队领导？按照团队角色配置理论，是不是只有协调者才可以成为团队领导？不一定。一般来说，具有如下能力的人都可以成为团队领导：

沟通能力。团队领导需要了解团队内部成员的状况，倾听成员的心声。一个团队领导者需要具备良好的沟通能力，其中又以"善于倾听"最为重要。唯有如此，才不至于让成员离心离德，或者不敢提出建设性的提议与需求。

协调能力。团队领导者应该要能敏锐地觉察成员的情绪，并且建立疏通、宣泄的渠道，如果团队出现冲突了，不能等到对立加深、矛盾扩大后，才开始着手处理与排解。团队领导者对于情节严重的冲突，如果可能会扩大对立面的矛盾事件，更要果断地加以排解。即使在状况不明、是非不清的时候，也应即时采取降温、冷却措施，在了解情况后，立刻以妥善、有效的策略化解冲突。只要把握消除矛盾的先发权和主动权，任何形式的矛盾与问题都能迎刃而解。

规划与统筹能力。团队领导者的规划能力，表现在不是着眼于短期的行为，而是长期计划的制订。换言之，卓越的团队领导者必须深谋远虑、有远见，不是只看得见现在而看不到未来，同时要让成员清楚团队的远景，才不会让成员迷失方向。特别是进行规划决策时，更要能妥善运用统筹能力，有效地利用成员的智慧与既有的资源，避免人力浪费。

决策与执行能力。在团队里面，虽然有许多事情是以集体决策为主，但团队领导者仍须经常独立决策，包括分派工作、人力协调、化解成员纷争等决策与执行力，这都往往考验着团队领导者的决断能力。

培训能力。由于领导的本质是管理自己，影响他人。团队领导者必然渴望拥有一个实力坚强的工作团队，因此，培养优秀人才，也就成为团队领导者的重要任务。

[资料]

你适合做团队领导吗?

请问答问题:

1. 在以下三种职业中，你最喜欢:

A. 做某个团队的发言人

B. 做某个团体的领导人

C. 做一支军队的指挥官

2. 你认为授权下级有何好处?

A. 有利于提高员工非个人能力

B. 可以让上级领导集中精力于高层管理

C. 减轻上级领导的工作负担

3. 当你准备做出一项与下属员工的工作密切相关的决定时是否征求他们的意见?

A. 是的，我一贯重视员工的意见

B. 不，我认为管理者有权作决定

C. 不一定，这要取决于我是否有时间

4. 你授权给下级时，给他们多大权限?

A. 希望他们先斩后奏

B. 每作重要决定时，都征求你的意见

C. 自行决定是否要征求你的意见

5. 你希望下属参与制订工作计划吗?

A. 不，因为他们会劝我降低指标

B. 是的，因为这样才能使他们发挥积极性，真正全心全力完成工作

C. 有时候，但重大项目除外

6. 如果某位部下在完成一项艰巨任务过程中表现出色，你会：

A. 立即表示祝贺

B. 不加评论，避免他趁机要求加薪

C. 遇到他时顺便表扬几句

7. 如果某位一向表现很佳的员工突然业绩下降，你会：

A. 忙找他促膝谈心，找出问题所在

B. 态度强硬地逼他改正

C. 让人事部门去调查原因

8. 如果你将向全体部下宣布一项重要的新措施，你会：

A. 发一份简报，将新措施方案刊载在其中

B. 安排一名助手去向大家解释

C. 召开一次专门会议，向每位下属详细解释新方案

9. 如果某位部下因未获提升而情绪低落，你会：

A. 告诉他那个职位本来就不适合他

B. 教他改进的方法，以便在下次提升时脱颖而出

C. 劝他别伤心，告诉他谁都会有挫折

10. 如果你对某位下属提出的过激方案不感兴趣，你会：

A. 指出这个方案的缺陷，同时鼓励他重新考虑新方案

B. 告诉他这个方案不合时宜，成本太高，不能实施

C. 表示你将认真考虑他的意见，随后丢进档案柜不再理会

评估标准及结果分析

序号		1	2	3	4	5	6	7	8	9	10
A		0	0	10	5	0	10	10	5	10	10
B	分数	10	5	0	0	10	0	0	0	10	5
C		5	10	5	10	5	5	5	10	5	0

80～100分：你是一位出色的领导，你善于调动员工的积极性，善于合适地授权下级，使团队运行具有较高效率，较强的竞争力。

55～80分：你能正确认识领导者的职责，不过还不够大胆，不能充分信任成员，你还需学习和训练。

25～55分：你过于保守，束缚下属的发展。你不仅需要参加各种培训和学习，还应增加自信以及对别人的信心。

0～25分：你根本不适合做领导者，你很难成为一名领导者。

二、团队领导的产生方式

团队领导一般是怎么产生的呢？与传统领导来自正式的任命和组织结构不同，团队领导需要为满足团队需求、提升团队绩效的职能，因此其产生方式要更为丰富。我们可以从"来自团队内部还是外部"和"是不是正式任命的"两个维度来划分团队领导的产生方式，由此就存在四种不同的产生方式。内部正式团队领导是由组织正式任命的团队成员，在团队中往往被称为团队领导人或是项目经理。外部正式团队领导虽然不是团队成员，不亲自参与团队的日常活动，但却是由组织正式任命的，对团队绩效目标负总责，通常被称为发起人、教练或顾问。当整个团队成员共同分享领导权力并对绩效负责或者有团队成员在日常活动中自发成为领导者时，团队的领导者就属于内部非正式领导。外部非正式团队领导虽然不是团队成员，不亲自参与团队日常活动，但是对团队影响深远，能满足团队某方面需求，在团队中扮演导师、拥护者、协调人等角色。创业团队一般属于内部非正式领导，不需要组织正式任命。

区分团队领导的产生方式非常有必要，这不仅是因为某一种产生方式考察团队领导问题而忽视了团队领导来源的多样性，更重要的是因为团队领导的产生方式会随着团队的发展而动态演化，从而保证团队能够在不同的情境下都具备有效的领导，这正体现了团队领导的过程性和职能性特点。例如，创业型团队领导与技术攻关型科研团队领导就会产生方式不一样，其领导方式也不一样。

<h1 style="text-align:center">第三节　怎么做团队领导</h1>

俗话讲得好，"火车跑得快，需要头来带"。如果这个"头"不懂怎么带领团队，那么团队就会出现这样或那样的问题。"将帅无能，累死三军"讲的就是领导能力的重要性。

一、团队领导者常见问题

目前国内团队领导者经常会存在如下问题：

领导者弹性不足，协同不力。现在团队基本由具有一定知识水平的高学历员工构成。这类员工一般有着年轻、精力充沛、个性鲜明、自主性强、喜欢独立思考、渴望挑战等优点，但却不太善于接纳不同的观点，造成团队沟通不畅，形成内耗。团队领导者如果缺乏足够的沟通技巧，引发不必要的争执，就会给团队工作气氛带来负面影响。

领导者大权独揽，独断专行。一些团队领导者喜欢对团队成员提出的观点采取简单的否定、讽刺挖苦、拒绝回应等做法，而不是保持开放的态度，充分交流，及时反馈意见，造成团队成员的消极怠工，降低工作投入水平，造成不推不走、不追不做的局面。

领导者不会授权，管理无方。一些团队领导者缺乏领导知识，对团队管理缺乏认知，在人员调配管理方面缺乏力度，给团队带来先天缺陷。团队运作过程中，不能提供有效的指导和支持，不能积极地处理反馈意见，造成团队成员承受着较大的工作压力，常常陷入忙乱之中，结果是内耗严重、绩效低下、士气低落，从而使团队陷入混乱无效的局面。

二、团队领导者工作艺术

中国人有一个特点：既喜欢让人管，但同时又不喜欢让人管。那么，是管好呢？还是不管好？当然是管好，不过要讲究策略，需要管到一定程度，管到恰到好处。管得心服口服，又舒舒服服。这就需要领导者有足够的领导智慧与艺术。

凝聚成员的感情。领导者要打造高效团队，提升团队凝聚力，除花时间、花钱跟成员"搏感情"外，别无他法。比如说，刚得到表扬奖励，马上团队庆贺，表明团队有今天的成绩都是大家的功劳，以后有好处大家分享；如果有过错就由领导自己一人承担。可以经常组织团队参加各种休闲活动，借此提升团队的活力与增进彼此感情。借着这类非正式的沟通，可以轻松化解冲突，增强凝聚力，将整个团队紧紧粘在一起。

给成员想要的东西。要成员配合领导者工作，领导者必须先建立相互的信任感。平时必须以诚心关心成员，了解成员真正在乎的是什么，只有当成员的欲望被满足时，才会努力达成领导者的期望。如果成员想要的是钱，当他达成要求时就加薪或发放奖金，如果他想要的是成就感，就给他挥洒的舞台，只要是成员应得的，在资源许可的范围内，就要尽力满足他们，成员做得再苦再累也会心甘情愿。

帮成员成长。领导者必须为成员勾勒一幅未来的远景，让他了解在这个团队，将来可以有很好的收获，让成员个人利益与团队的利益结合为一，成员才会努力打拼。MAZDA 执行总监胡开昌，除了公司的绩效制度外，特别为了团队成员设计一套生涯规划（Career Plan）调查表，利用闲聊时记录，包括：工作满意与不满意的原因？若想换工作，感兴趣的工作是什么？利用这种沟通方式，在遇到机会时，适时推员工一把，帮他占到适当的位置。

帮成员补齐能力。领导者应协助成员建立乐于接受挑战的心态，鼓励他们不断追求卓越，他们的能力自然也会不断提升。为了达到这个目的，领导者应定期与成员恳谈，依照职务说明书，一一盘点成员的能力是否足够，不够的部分就要协助补强。领导者必须敞开心胸倾囊相授，或是协助成员去进修。同时，乐见优秀员工成就超越自己，如此一来，就算部属有天爬到自己头上，这也是你的荣耀，而且他还会敬你三分。

以能力服人。现在的年轻人个性分明，普遍比较缺乏耐心，因此身为领导者，特别是专业技术团队，专业实力很重要，若没有实力，在管理上很容易会被瞧不起。

塑造求同存异的文化。领导者要塑造一种求同存异的团队文化，鼓励成员诚实面对不同的观点与看法，与成员一同探讨不同的成因，找出如何避免冲突的方法。

授予权力，保留责任。授权是给成员磨炼成长的最佳机会，授权能让领导者减轻工作负担，还能让成员站在领导的角度思考问题。身为领导者，必须相信自己所领导的团队是最优秀的。团队领导者在团队绩效好时，一定要将功劳归给全体成员，但出状况时，则要挺身承担责任。

创造共同愿景。好的领导者不直接发号施令，而是建立团队共同的愿景，特别在发展景气的时候要谈危机，在发展不景气的时候则谈愿景。把正面思考与气氛带给团队。即使困难重重，都要让团队觉得未来是会好起来的，让成员看到团队发展的希望。

第四节　怎么做优秀的被领导者

通常，人们认为团队建设只是团队领导的事情，其他成员只需完成自己本职工作即可。但事实上，在一个团队中，每个成员都需要有主动接受领导的意识。接受领导的过程，就是融入团队的过程，就是成为被领导者的过程。一般来说，被领导者是相对于领导者而言的，指的是在领导组织活动中，根据领导者提出的方案、措施等相关内容进行具体组织实施的组织成员的总称。关于被领导者的称呼，意思相近的称谓有"追随者""拥戴者""下属""支持者"等。国外多采用追随者称谓，而我国的喜欢用"被领导者"和"下属"等称呼。根据被领导者所处的位置进行分类，一类是绝对被领导者，指其在一切社会组织中不负任何职务和领导责任、不掌握任何领导权，如普通工人、农民、科研人员、解放军战士；另一类是相对被领导者，对下级而言他是领导者，而相对于上级领导者们而言，他又是被领导者，如县长领导下的乡长、局长，正职领导下的副职等。无论是绝对被领导者还是相对被领导者，又可以分为五种类型，即孤立的追随者、墨守成规的追随者、有效的追随者、被动的追随者和实用主义生存者。不同类型的被领导者，需要有不同的领导方法。

一、正确认识被领导者身份

要想做领导，先做好下属。要做领导，先从做下属开始，在做好下属中历练做领导的能力。只有摆正下属的位置，才不会和领导对着干。被领导者和领导是共生关系。领导者与被领导者是工作中的角色定位的不同，皆为完成某一项目或工作而承担和扮演其中一角色，所不同的是，领导者本身可能是此项目完成结果的最后或某一分项最后负责人，而被领导者只是其中一个分项或单项结果的执行人，只承担对工作或项目的细微局部或部分工作完成结果的责任而已；由此我们可以想到领导者如树根、树干，被领导者如树权、树叶。

优秀的领导一般首先是会先做个杰出的追随者；一个好的被领导者一般定位准确，好的被领导者知道自己的位置，知道和领导者的关系，知道和周边人的位置，知道自己与别人位置的关系。只有清楚了自己的位置，这样才能当、充当、胜任和愿意接受本角色，发挥应有的作用。要做一个优秀的被领导者，应该经常问自己一些问题：

■ 我是谁？

■ 我在干什么？

■ 我做的这事会给我周边人带来什么结果？是方便他人还是制造了麻烦？

■ 我做的事会有什么结果？

■ 如果我是管理者，我对其他协作人下达的指令清晰吗？

■ 此任务（工作、项目）给我的启示或启发是什么？

……

通过对这些问题进行思考，就可以心甘情愿地执行自己及自己负责的工作，就有利于成为优秀的被领导者。

二、掌握与领导交往的艺术

常言道：人在江湖，身不由己。也有人说：有人的地方就有江湖。江湖必须有江湖的规矩。因此，团队也是江湖。在团队中，注重与领导的相处之道，是最基本的团队生存法则；对领导负责，就是对自己的任务和事业负责。其实，与领导相处很简单，但往往很多人就是疏忽或忽视了很多细节和一些原则，导致彼此都容易尴尬。领导也是人，但不是一般人，合理地把握好和领导的相处之道，可以让领导成为你的良师益友。每个人都希望在团队中能遇到一个自己喜欢和崇拜的领导，但是也有一部分人在却没有那么幸运，没遇到跟自己合得来的、彼此欣赏的领导，反而遇到一个跟自己相克的、互相讨厌的领导。

在团队中，我们可能要跟各种各样的人相处。而且就算你去到新团队，谁又能保证你遇到的下一个领导不会更难相处呢？所以，更重要的是学会如何和领导相处，而不是逃避。

1. 改变自己

碰到和自己合不来的领导，无论是忽视问题的存在，还是选择换个团队或者岗位，都不是正确的方法。我们要做的就是从自身找原因，然后做出改变来适应自己的领导。因为我们无法轻易改变别人，我们也可能没办法要求领导做出什么改变。聪明的人，一定不是去改变别人，而是根据别人的优势和短板，有选择性地改变自己。要改变态度。很多人和领导合不来，是可能因为自己觉得领导整天只会指手画脚，没有什么真材实料。尽管他们一直不说但是也会被领导所感觉。领导之所以能成为领导，一定有着他们的过人之处。我们要向领导学习，尊重领导，这才能更好地与领导相处。所以，平时要控制自己的情绪，不要轻易流露你对领导的不满，多去发现领导的长处，多发现别人的优点，以后跟领导相处就会顺利好多。

要改变有"领导挑剔自己"的看法，如果领导真的要求严格，要把领导的严格看成是自己进步的动力。这样才不会有心生不满。有时，领导的严格或者说挑剔也是一种磨炼，一遍遍的否定，一次次的修改，是一种对心志的磨砺，一种在业务上的精进。

此外，要改变和领导的相处方式。我们要努力让自己适应领导的风格和行为方式。领导习惯用 QQ 聊工作，你偏偏用微信沟通，显然不是明智的做法。与领导相处，需要艺术，包括：

服从，不要找借口。

执行，始终把领导的要求放在第一位。

规避，不碰领导的敏感地带。

厚道，对平庸的领导要补台不拆台。

地道，巧妙地为领导挡麻烦。

2. 做好本职工作

做好自己的本职工作是最基本的一点，而且不论你遇到什么样的领导，这一条永远不会失效。领导安排的每一项工作，你都能按时出色地完成，并且时不时提出一两个合理化的建议，如果领导实在太忙还能帮他分担一些工作的话，这样得力的下属，没有一个领导会不喜欢。在团队中，想要获得领导和同事的尊重，就要体现自己的重要性和价值。出色完成工作就是最好的证明。

3. 做懂领导的人

人都渴望被人懂。我们都有这样都感受：如果生命中有一个真正懂你，或愿意懂你，任何情况下，任何环境中都坚强地相信你的人，那么我们一定感觉幸福！领导也是人。懂你的人不言而喻，不懂你的人百口莫辩。所谓"知己知彼，百战不殆"，要想让领导对你产生欣赏并获取信任。首先要先了解领导，包括生活背景、个人性格和喜恶、工作的小习惯、个人兴趣爱好等。这是与领导融洽相处和愉快沟通的前提。平时工作之余不妨多了解一下你的领导。了解了才能做到沟通。如果对自己的领导都没有任何了解，怎能做到很好的相处呢？有了了解后，就要利用你所了解的多沟通。说出你心中的想法，看看领导是如何回答的，看看这中间是不是有什么误会，是否存在什么原因。沟通可以是平时轻松的聊天，也可以是比较正式的约谈。具体需要什么样的方式，就看实际情况了。有人说："每个人都有一个死角，自己走不出来，别人也闯不进去，我把最深沉的秘密放在那里，你不懂我，我不怪你，只是，你若懂我，该有多好。"做一个懂人的人不容易，但是我们只要有心，就有可能，至少比不懂人要好！

4. 适应领导的为人处世

每一个人的性格不同，领导风格自然也是不同的。因此和不同类型的领导相处的方式，也就应该有所差别。面对沉默寡言型的领导，你需要多做事少说话。面对吹毛求疵的领导，你要调整好心态，因为在他们眼里你做得再好也是不够好，尽量在他的带领下完成任务就行了，他不可能说自己的安排有什么问题。面对外向型善于授权的领导，你需要做的就是放开手脚去努力工作就行了，因为这类领导一般心胸比较宽广，不会给你穿小鞋。嗓门大的领导就是夸你也声音很大，批评也是一样，所以一定要记好他要求的每一点，不然你的小问题就会被放大。

5. 不要背后抱怨领导

世间没有不透风的墙，不管我们多么讨厌领导，也不要跟我们的同事在背后说领导的坏话。其实这些话总有一天会传到领导的耳朵里，到时候结果只能更坏。如果我们有在背后说人家坏话的时间，还不如想想如何和领导相处的更好。

三、把握与领导沟通的技巧

常言道，沟通不到位，努力全白费。那么，和领导沟通的技巧有哪些呢？

表达要清楚。工作上的沟通，我们肯定是希望对方能听懂的，但是事实可能并非如此。比如，团队有个成员，说话偏快。有一次她给大家做一个小时的创业新政策的线上培训，在最后环节问大家有没有问题。有人轻声说："你能重讲一遍吗，你说得太快，我没跟上。"我们和领导谈话的时候注意你的语速了吗？很多人，面对领导本来心里就发怵，希望越快结束越好。在心里越是没底的时候，说话就越快；说得越快，领导越听不明白，你就越紧张。语无伦次，表达抓不住要点，也是我们沟通时候经常犯的错误。

要让对方听明白。如果是面对面的沟通，我们可以观察对方的表情，或者直接确认对方是否听懂了听明白了。在确认的时候，我们可以说："我说清楚了吗？"而不是"你听明白了吗？"。如果你滔滔不绝说了很久，领导没有什么反馈，你可以试着问："我是不是没有说清楚？"尤其是领导如果不是"科班"出身，或者你讲了太细节的东西，领导跟不上也是很正常的。这时候，你问了上面的话，领导可能就会有机会去向你"请教"一些问题。

要考虑领导怎么想。换位思考是沟通的一大法宝。在沟通前，要考虑我们在表达后会让领导怎么想的问题。如果当领导给你反馈的时候，尽量不要打断他的话，学会倾听。即使领导理解错了，我们也别急着辩解或者澄清，等领导说完，我们再婉转的纠正。没有领导会喜欢听"你说的不对"或者"不是的"我们可以说："嗯，您说的大多数情况是这样的。但是有个例比如××××"。把我们的重点再耐心地重述一遍。当然如果领导错在无关痛痒的地方，就可以不管由他去。如果领导说到具体的希望或者要求，建议在沟通结束前，我们最后简单地总结一下。如果事情需要一段时间才能做完，或者比较重要，我们甚至可以考虑发个简单的谈话纪要给领导。如果方向不对，结果是做多错多。

要选择合适沟通方式。我们要学会在适当的时候进行沟通。比如，事情已经产生误会了，来来回回的大家都发了很多邮件了，最好改成面对面沟通，而不是继续发邮件。比如，有个团队成员 A 被领导谈话，离开团队。其中有一个原因就是：不负责任。团队有很多非常紧急的项目，A 自己不知道怎么恰当地处理又想推卸责任。因此他总是在深更半夜发很长的邮件给领导。对于领导而言，处理紧急又复杂的事情，是不适合靠邮件的。耽误了决策时机，不是你和领导显示你的邮件发送时间就可以免责的。

要把握恰当的沟通情绪。不管是哪一方有情绪，都不建议继续交谈。更不建议在有情绪的时候写邮件。发出去的邮件，是收不回来的，别人可以读到的是满屏的负面情绪和不专业的工作态度。这些邮件在领导给业绩评价的时候，也可以成为不利的证据。同样，领导也是人，领导也会有情绪。如果和领导谈某个棘手的问题的时候，感觉到领导不耐烦了，可以暂时停下来。

要带着问题解决方案汇报，不能把问题扔给领导。我们有时候在沟通时是要解决问题。一般来说，团队成员应该有能力独立完成工作。在和领导商量问题的时候，尽量要提前想好处理问题的建议方案，让领导决策采用什么方案，而不是把问题抛给领导，导致沟通难以有结果。

总之，和领导沟通，要清楚：

- 有效沟通是解决问题的利器。
- 汇报需要一定的技巧。
- 请示问题解决要有备选方案。
- 对领导有意见要尽量用"糖衣"包装语言。
- 有时候需要迂回表达分歧意见。
- 不要急于发表意见要听懂领导的潜台词。
- 根据领导的风格用不同的棒槌敲响不同的鼓。
- 要把自己的优秀展现在自己的职责内。
- 任何时候都不能让领导"脸上无光"与难堪。
- 居功自傲咄咄逼人会伤害领导。
- 成绩的取得要归功于领导正确。
- 做事要拼，看事要淡。
- 克服过分的表现欲。
- 工作到位不越位。
- 清楚领导与自己所处不同位置，各得其所。

四、做优秀被领导者的方法与步骤

第一步：选择领导。

"良禽择木而栖，贤臣择主而事。"这是与领导相处之道中唯一的一条你占据主动的时刻。选择团队和选对象一样重要，在考虑加入团队之前就必须慎重地考虑好选择什么样的团队领导。

第二步：与领导保持和谐的关系。

既然已经做出了选择，那么从现在开始，无论遇到的是一位多么奇葩的领导，在初期阶段，还是彼此的磨合期，都要努力与领导保持和谐的关系，主要从以下三点入手：第一，初入团队，谦虚好学，主动讨教，同时也不能过分地依赖领导，尽量地展现出自己有能力的一面；第二，与同事们打交道，要平易近人，不要给领导和同事留下很难相处的印象；第三，作为新人，要表现出自己勤恳的一面。举个简单的例子，新来的员工每天早上都是第一个到达办公室，打扫好卫生后并主动为领导沏上一杯茶。总之，这一阶段是感情的磨合期，合情合理地表达自己即可。

第三步：让领导注意到你。

在这一阶段，你已经充分融入了一个新的集体，此时则可以考虑加强与领导的感情了：让工作业绩超出领导的预期，领导最终看中的还是团队业绩，想进入领导的视野，最简单的办法就是成为他的得力干将；要重视集体荣誉，拿出"君忧臣辱君辱臣死"的气魄来，时刻站在领导这边，为领导排忧解难；注重自身人格修养，不可枉做小人，在领导面前说同事坏话或者散播流言，不论谁对谁错，打小报告瞬间便会坏了印象。越级行动是个大忌讳，万万不要做出越级汇报的事情来，这会极大地降低领导的信任度；站在团队的高度思考问题，先领导之忧而忧，后领导之乐而乐，让领导依赖成为一种习惯。当然，还有些小细节，比如与领导相处开玩笑要适度，和领导之间保持距离，万不可忘乎所以称兄道弟，或者在背后议论是非等。

第四步：提醒领导给自己点鼓励。

此时，已经成为团队老员工，该是时候请领导给自己些奖励的时候了，此时，可以在适当的时候做出适当的行为：虽说酒香不怕巷子深，但是该到时候了，还是要主动争取领导的认可。该提的时候就要提，不要不好意思，让领导都觉得不提拔都不对了；过程难免有反复，要有一颗平和心。切记，不要太直白，别尽想着自己那点利益的事情，要考虑到领导暂时没有肯定你可能是有困难。注意：在考虑提醒领导给自己鼓励的前提是与团队患难与共，从团队的角度思考问题，让领导都不好意思不认可你。这一阶段是收获阶段，但是切记把握度。

[资料]

怎么判断自己配合领导的素质？

（一）情景描述

以下测验能帮助你检查自己是否具有配合领导的技巧。以下每一项都陈述了一种团队行为，根据自己表现这种行为的频率进行选择："总是这样" 5 分、"经常这样" 4 分、"有时这样" 3 分、"很少这样" 2 分、"从不这样" 1 分。

当我是成员时：

1. 我从其他小组成员那里征求事实、信息和感受以帮助小组讨论（寻求信息和观点者）。

2. 我提供事实和表达自己的观点、意见、感受和信息以帮助小组讨论（提供信息和观点者）。

3. 我提出小组后面的工作计划，并提醒大家注意需完成的任务，以此把握小组的方向。我向不同的小组成员分配不同的责任（方向和角色定义者）。

4. 我集中小组成员所提出的相关观点或建议，并总结、复述小组所讨论的主要论点（总结者）。

5. 我带给小组活力。鼓励小组成员努力工作以完成我们的目标（鼓舞者）。

6. 我要求他人对小组的讨论内容进行总结，以确保他们理解小组决策，并了解小组正在讨论的材料（理解情况检查者）。

7. 我热情鼓励所在小组成员参与，愿意听取他们的观点，比他们知道我珍视他们对群体的贡献（参与鼓励者）。

8. 我利用良好的沟通技巧帮助小组成员，促进交流让成员明白他人的发言（促进交流者）。

9. 我会讲笑话，并会建议以有趣的方式工作，借以减轻小组中的紧张感，并增加大家一同工作的乐趣（释放压力者）。

10. 我向其他成员表达支持、接受和喜爱，当其他成员在小组中表现出建设性行为时，我给予适当的赞扬（支持者与表扬者）。

11. 我促成有分歧的小组成员进行公开讨论，以协调思想，增进小组凝聚力，当成员们似乎不能直接解决冲突时，我会进行调停（人际问题解决者）。

12. 我观察小组的工作方式，利用我的观察去帮助大家讨论，以使小组如何更好地工作（进程观察者）。

（二）评估标准及结果分析

以上 1~6 题为一组，7~12 题为一组，将两组的得分相加对照下列解释：

（6，6）只为完成工作付出了最小的努力，总体上与其他小组成员十分疏远，在小组中不活跃，对其他人几乎没有任何影响。

（6，30）你十分强调与小组保持良好关系，为其他成员着想，帮助创造舒适、友好的工作气氛，但很少关注如何完成任务。

（30，6）你着重于完成工作，却忽略了维护关系。

（18，18）你努力协调团队的任务与维护要求，终于达到了平衡。你应继续努力，创造性地结合任务与维护行为，以促成最优生产力。

（30，30）祝贺你，你是一位优秀的团队合作者，并有能力领导一个小组。

当然，一个团队的顺利运行除以上两种行为以外，还需要许多别的技巧，但这两种最基本，且较易掌握。如果你得分比较低，也不要气馁，只要参照上面做法，就会有所提高；不要对他人存在任何偏见，应该经常与人交流，取长补短，改变你拘谨封闭的管理作为，使你和其他成员充满活力和热情。

第六章　团队分工与制度

制度管人，流程管事，团队打天下。

——来自网络

导语：一个团队的建设与领导关系极大。领导行为需要有具体的落实措施。有效的领导需要科学合理的分工，并通过制度来规范与保障。为什么需要分工，如何科学有效地分工，分工怎么固化，这就是本章需要解决的问题。团队分工、组织设计与制度设计，是团队建设的基本内容。考虑到以上内容与团队建设的衔接，故引入了一般层面上的组织设计与制度安排的思考。

学习目标

- 了解团队分工方法。
- 掌握团队制度制定方法。

讨论

团队需要的制度有哪些？应该怎么制定？

第一节 团队需要分工吗

不管是各级政府团队、企业大小团队，还是每个家庭都要有各自的分工，而且必须分工明确，否则会陷入无序状态出现杂乱无章的局面。因为分工后各自的职责更加明确，管理更加有条不紊。而在分工的前提下又必须相互协作，特别是在特殊情况下，如突发事件，任务重、阻力大、困难多、时间紧的时候更需要协作。协作好了任何阻力都可以克服，任何困难都可以战胜。有了协作才能体现整体效能，才能提高办事效率，甚至创造奇迹。

分工与合作是团队共赢的两个基本要素。没有"分工"，只有"合作"，会使团队的工作陷入混乱和无序；没有"合作"，只有"分工"，会使团队的工作条块分割，无法达成整体绩效。团队管理实践中常常发生的情况是：要么分工不清，工作范围界定不明，一件事，张三也抓，李四也管；要么就是没有协作，一件事张三也推李四也挡，皮球来回踢。因此，分工与合作必须协调统一，才能使团队成员达到共赢。

一、分工协作的优势

（1）可以发挥整体效能，提高工作效率。例如，流水线生产，就是将一个生产过程划分为很多环节，每个人各自负责其中的一个环节，一个环节完成后这个环节的人就可以接着开始下一轮生产，而不用等整个环节都完成再开始下一轮生产，大大地节约了时间。

（2）能充分发挥每个人的特长优势。分工协作令每个人根据自己的专长去完成相应的工作，这样可以使每个部分的工作都能相对尽善尽美。

（3）可以弥补个人的不足。很多工作是一个人没有办法完成的，即使完成了也不能有很好的效果。《西游记》中虽然唐僧师徒四人每个人都有不足，但最终取经成功，正是分工协作弥补了这个不足。

（4）团队精神和团队氛围会产生强大的动力。古语说："近朱者赤，近墨者黑。"一个好的氛围对人的影响是巨大的，好的团队氛围可以使每个成员都心甘情愿尽自己最大的努力去完成好工作，工作效率成倍增长。

二、有利于职业化团队

通过分工与合作，可以在团队内部建立行政职能和项目小组相互交叉的矩阵式团队结构，还可以在团队外部建立清晰稳定的沟通渠道。例如，把团队的全部工作划分成若干个小项目，指定一个项目负责人牵头，来自各级不同行政职能的成员加入到项目小组当中，按照各自的职能要求对项目负责，由项目负责人对全部的资源进行统一调度。此外，在对外联络上，针对外部对象的不同级别指定固定的联系人。团队内部商定的决策，一般就通过固定联系人这一出口对外。

通过分工与合作，还有利于随时修正分工与合作的内容。在实际的团队建设过程中，往往很难通过行政手段来划分每个成员具体的分工与协作的内容，由于错综复杂的团队工作内容，往往很难在一开始就确定所需要的成员。因此，随着团队任务的不断发展，团队成员也随时不断地修正各自所负责的工作内容，按照主次随时确定和调整分工与协作，从而在完成任务的过程当中形成默契。要达到这个目的，就要求每个团队成员自觉树立分工与协作的意识，在目标任务执行之前，和任务相关的成员要针对分工与协作进行沟通，这种沟通有时可能是很短暂的。

一旦确定了分工与协作关系，该做的事情不要推；不该管的事情不要管。团队成员具有这样的素质是职业化的水准之一，具有这样素质的团队，才称得上是职业化团队。

第二节　团队怎么分工

我们考虑团队的成员分工，永远都是先因事设岗，而不是先因人设岗——

不是拿现有的人去完成动态的工作，而是评估新工作后也要刷新对人的要求；永远都是面向未来，而不是只看到现在——不是以目前工作要求来设立团队，而是至少以一年后的工作要求来布局团队。团队分工的步骤如下：

步骤一：基于团队定位与目标，进行工作内容分解，指定工作任务清单。

以学习团队为例。为了完成课程学习任务，成为优秀团队，需要大家做的事情有：

- 怎么有效完成老师布置的任务？

- 每一次讨论谁去记录和整理？

- 谁去报告讨论结果？

- 团队的考勤谁做？

- 任务完成过程中谁去督促与检查？

- 有时候还需要与其他学习小组交流，与外界沟通，这个工作谁做？

- 对在团队中做出了贡献的，没有做出什么贡献的，这由谁负责评价？

- 为了加强沟通与协作，可能还需要团队去开展一些课外活动，增进成员的感情，谁负责？

……

都是队长一个人的事情吗？肯定不是！因为我们团队建设强调的就是分工合作。每一个人都是不能互相替代的。因此，分工的前提就是要依据团队目标，把完成目标需要开展的工作清单罗列出来。

步骤二：根据需要做的工作，进行分类整理，作为划分工作小组的基础。以上文的工作任务清单为例，如可以把与其他学习小组交流等与外界沟通工作和报告讨论结果这样的事情结合起来，成立一个外联组，让角色测试中具有信息者特质的学员加入并负责。团队的考勤和任务完成过程中的督促与检查结合起来，成立一个监督组，让角色测试中具有监督者特质的学员负责，等等。

当然，在该步骤中，需要注意的是，不能出现工作任务的交叉、重叠、缺失等。这在实际工作中表现出来，就会是工作职责的混乱。实践中，容易出现的问题是，工作内容的缺失。解决的办法是：在设定岗位职责的时候，不要规定死，而灵活表述，为团队运行过程中出现突发事情，以相近原则交由相关工作小组承担。如在学习过程中，老师可能突然布置一个参与产品推销的实训活动锻炼大家的团队合作能力，那就可以考虑把该项工作的团队实施划分到承担团队课外活动的小组。因此，在承担团队课外活动的小组的职责描述时，就应该有这么一条：团队其他的课外活动。

工作职责存在的一般性问题如图 6-1 所示。

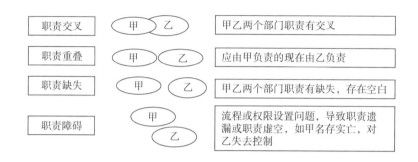

图 6-1　工作职责存在的一般性问题

步骤三：结合角色测试结果和个人兴趣，分析现有成员的能力，初步分析哪些工作可以由哪些成员承担。例如，某学员角色测试测得分数最高的 19 分对应的是凝聚者；同时，他性格是比较平和的，和大多数人可以玩到一块，还可能有点内向，但是熟悉后他就和朋友一起都很放得开的，可以适当调解气氛。他对待工作认真负责，注重维护团结友好和谐的团队关系，团队内部有不和谐的现象他会尽力调适，能够换位思考，注意去营造一个好的氛围。他自己也认为，虽然他的测试分数最高的是凝聚者，但是他觉得还没达到那个标准，因为他有一些不足，如胆子小，语言表达能力不太好，做事有点优柔寡断，希望在这个团队里尽量能够发挥他好的方面的作用，然后努力改正缺点，不断提高自己，尽力做好自己本分，和大家一起让团队更好。因此，他适合承担的任务是讨论记录和整理。

步骤四：划分工作小组，将现有成员依次放入。

怎么划分工作小组？一般来说，需要把握如下几方面：

存在的问题需要开展的工作要有人负责处理，如班委会建制。

不同的工作要有不同的人负责。

每一次任务，要分析其性质和内容，明确责任归属。

基本要求：每一项事情有人做，每一个人都有事情做，而且任务要尽可能均衡。

基本原则：职能不交叉、岗位不重叠、成员不空闲。

表6-1 划分工作小组示例

问题或任务	负责岗位	负责人	适合的角色
任务分解	队长	张三	协调者
任务督促、考勤等	副队长	李四	推进者、监督者
任务讨论记录	秘书	李琼	实干者
任务整理	技术组	王小二	实干者、创新者
材料提交老师	外联组	王二小	实干者、凝聚者
代表小组在课堂发言	外联组	王大拉	信息者、凝聚者
完成任务的贡献评价与总结	纪检组	王岐三	监督者、完美者
……			

团队划分小组就是将若干职位组合为小组，以方便将团队任务分配到各个小组和职位，设定个人、小组及团队之间的关系，并有利于协调团队的多项任务，分配及调度团队的资源。

划分小组有利于建立成正式的职权线/指挥链的团队组织结构。团队划分小组时要小组与团队定位与目标承接，要兼顾当前、"明天"以及"后天"外，要有利于设计与团队结构相匹配的机制（制度、流程），并注意结合现有的成员状况和团队文化。尽管团队因为人数规模的影响，团队划分小组会比较简单，但是，其设置小组的机理和一般组织是一样的，因此，我们可以从一般的组织结构设计中进行学习。

[资料]　组织结构设计

一、组织结构设计的基本含义

1. 组织结构设计的有关概念

（1）组织。组织就是把管理要素按目标的要求结合成的一个整体。它是动态的组织活动过程和静态的社会实体的统一。具体地说，包含以下四个方面。

1）动态的组织活动过程。即把人、财、物和信息，在一定时间和空间范围内进行合理有效组合的过程。

2）相对静态的组织实体。即把动态组织活动过程中合理有效的配合关系相对固定下来所形成的组织结构模式。

3）组织是实现既定目标的手段。

4）组织既是一组工作关系的技术系统，又是一组人与人之间的社会系统，是两个系统的统一。

（2）组织结构设计。组织结构是表现组织各部分排列顺序、空间位置、聚集状态、联系方式以及各要素之间相互关系的一种模式，它是执行任务的组织体制。具体来说，组织结构设计包含以下四层意思：

1）组织结构设计是管理者在一定组织内建立最有效相互关系的一种有意识的过程。

2）组织结构设计既涉及组织的外部环境要素，又涉及组织的内部条件要素。

3）组织结构设计的结果是形成组织结构。

4）组织结构设计的内容包括：工作岗位的事业化，部门的划分，以及直线指挥系统与职能参谋系统的相互关系等方面的工作任务组合；建立职权，控制幅度和集权分权等人与人相互影响的机制；开发最有效的协调手段。

2. 组织结构设计的具体内容

（1）劳动分工。劳动分工是指将某项复杂的工作分解成许多简单的重复性活动（称为功能专业化）。它是组织结构设计的首要内容。

（2）部门化。部门化是指将专业人员归类形成组织内相对独立的部门，它是对分割后的活动进行协调的方式。部门化主要有四种类型：功能部门化、产品或服务部门化、用户部门化和地区部门化。

（3）授权。授权是指确定组织中各类人员需承担的完成任务的责任范围，并赋予其使用组织资源所必需的权力。授权发生于组织中两个相互连接的管理层次之间，责任和权力都是由上级授予的。

（4）管理幅度和管理层次。管理幅度是指一位管理人员所能有效地直接领导和控制的下级人员数。管理层次是指组织内纵向管理系统所划分的等级数。一般情况下，管理幅度和管理层次成反比关系。扩大管理幅度，有可能减少管理层次。反之，缩小管理幅度，就有可能增加管理层次。

管理幅度受许多因素的影响，有领导者方面的因素，如领导者的知识、能力和经验等；也有被领导者方面的因素，如被领导者的素质、业务熟练的程度和工作强度等；还有管理业务方面的因素，如工作任务的复杂程度、所承担任务的绩效要求、工作环境以及信息沟通方式等。因此，在决定管理幅度时，必须对上述各方面因素予以综合考虑。

确定管理层次应考虑下列因素：

1）训练。受过良好训练的员工，所需的监督较少，且可减少他与主管接触的次数。低层人员的工作分工较细，所需技能较易训练，因而低层主管监督人数可适当增加。

2）计划。良好的计划使工作人员知道自己的目标与任务，可减少组织层次。

3）授权。适当的授权可减少主管的监督时间及精力，使管辖人数增加，进而减少组织所需的层次。

4）变动。组织变动较少，其政策较为固定，各阶层监督的人数可较多，层次可较少。

5）目标。目标明确，可以减少主管人员指导工作及纠正偏差的时间，促成层次的简化。

6）意见交流。意见的有效交流，可使上下距离缩短，减少组织层次。

7）接触方式。主管同员工接触方式的改善，也可使层次减少。

早期的管理组织结构中，通常管理幅度较窄而管理层次较多。其优点是分工明确，便于实施严格控制，上下级关系容易协调；缺点是管理成本较高，信息沟通困难，不利于发挥下级人员的积极性。随着管理组织的不断革新和发展，采用管理幅度较宽，管理层次较少的结构（扁平结构）的组织越来越多。其优点是管理成本较低，信息沟通方便，有利于发挥下级的积极性；缺点是不易实施严格控制，对下属人员的相互协调较为困难。

二、组织结构设计的原则与重点

1. 组织结构设计的基本原则

（1）战略导向原则。组织是实现组织战略目标的有机载体，组织的结构、体系、过程、文化等均是为完成组织战略目标服务的，达成战略目标是组织设计的最终目的。组织应通过组织结构的完善，使每个人在实现组织目标的过程中做出更大的贡献。

（2）适度超前原则。组织结构设计应综合考虑组织的内、外部环境，组织的理念与文化价值观，组织的当前以及未来的发展战略等，以适应组织的现实状况。并且，随着组织的成长与发展，组织结构应有一定的拓展空间。

（3）系统优化原则。现代组织是一个开放系统，组织中的人、财、物与外界环境频繁交流，联系紧密，需要开放型的组织系统，以提高对环境的适应能力和应变能力。因此，组织机构应与组织目标相适应。组织设计应简化流程，有利于信息畅通、决策迅速、部门协调；充分考虑交叉业务活动的统一协调和过程管理的整体性。

（4）有效管理幅度与合理管理层次的原则。管理层级与管理幅度的设置受到组织规模的制约，在组织规模一定的情况下，管理幅度越大，管理层次越少。管理层级的设计应在有效控制的前提下尽量减少管理层级，精简编制，促进信息流通，实现组织扁平化。

其中，管理幅度受主管直接有效指挥、监督部属能力的限制。管理幅度的设计没有一定的标准，要具体问题具体分析，粗略地讲，高层管理幅度 3～6

人较为合适，中层管理幅度 5～9 人较为合适，低层管理幅度 7～15 人较为合适。

影响管理幅度设定的主要因素如下：

1）员工的素质。主管及其部属能力强、学历高、经验丰富者，可以加大控制面，管理幅度可加大；反之，应小一些。

2）沟通的程度。组织目标、决策制度、命令可迅速而有效地传达，渠道畅通，管理幅度可加大；反之，应小一些。

3）职务的内容。工作性质较为单纯、较标准者，可扩大控制的层面。

4）协调工作量。利用幕僚机构及专员作为沟通协调者，可以扩大控制的层面。

5）追踪控制。设有良好、彻底、客观地追踪执行工具、机构、人员及程序者，可以扩大控制的层面。

6）组织文化。具有追根究底的风气与良好的组织文化背景的组织也可以扩大控制的层面。

7）地域相近性。所辖的地域近，可扩大管理控制的层面，地域远则缩小管理控制的层面。

（5）责权利对等原则。责权利相互对等，是组织正常运行的基本要求。权责不对等对组织危害极大，有权无责容易出现瞎指挥的现象；有责无权会严重挫伤员工的积极性，也不利于人才的培养。因此，在结构设计时应着重强调职责和权力的设置，使组织能够做到职责明确、权力对等、分配公平。

（6）职能专业化原则。组织整体目标的实现需要完成多种职能工作，应充分考虑专业化分工与团队协作。特别是对于以事业发展、提高效率、监督控制为首要任务的业务活动，以此原则为主，进行部门划分和权限分配。当然，组织的整体行为并不是孤立的，各职能部门应做到既分工明确，又协调一致。

（7）稳定性与适应性相结合的原则。首先，组织结构必须具有一定的稳定性，这样可使组织中的每个人工作相对稳定，相互之间的关系也相对稳定，这是组织能正常开展工作的必要条件，如果组织结构朝令夕改，必然造成职责不清的局面。其次，组织结构又必须具有一定的适应性。由于组织的外部环境和内部条件是在不断变化的，如果组织结构、组织职责不注意适应这种变化，组织就会缺乏生命力、缺乏活力。因此，组织应该根据行业特点、生产规模、专业技术复杂程度、专业化水平、市场需求和服务对象的变化、经济体制的改革需求等进行相应的动态调整。组织应该强调并贯彻这一原则，应在保持稳定性的基础上进一步加强和提高组织结构的适应性。

2. 组织结构设计的重点

进行组织结构设计应把握以下重点：

（1）组织的目标。使组织内部各部门在公司整体经营目标下，充分发挥能力以达成各自目标，从而促进组织整体目标的实现。

（2）组织的成长。考虑组织的业绩、运行状况与持续成长。

（3）组织的稳定。随着组织的成长，逐步调整组织结构是必要的，但经常的组织、权责、程序变更会动摇员工的信心，产生离心力，因此应该保证组织的相对稳定。

（4）组织的精简。组织机构精简、人员精干有助于资源的合理配置，实现工作的高效率。

（5）组织的弹性。主要指部门结构和职位具有一定的弹性，既能保持正常状况下的基本形式，又能适应内、外部各种环境条件的变化。

（6）组织的分工协作。只有各部门之间以及部门个人之间的工作能协调配合，才能实现本部门目标，同时保证整个组织目标的实现。

（7）指挥的统一性。工作中的多头指挥使下属无所适从，容易造成混乱的局面。

（8）权责的明确性。权力或职责不清将使工作发生重复或遗漏、推诿现象，这样将导致员工挫折感的产生，造成工作消极的局面。

（9）流程的制度化、标准化与程序化。明确的制度与标准作业以及工作的程序化可缩短摸索的时间，提高工作的效率。

三、组织结构设计的程序

组织结构的设计只有按照正确的程序进行，才能达到组织设计的高效化。

组织结构设计程序一般如下：

1. 业务流程的总体设计

业务流程设计是组织结构设计的开始，只有总体业务流程达到最优化，才能实现组织高效化。

业务流程是指组织运营活动在正常情况下，不断循环流动的程序或过程。例如，团队的活动主要有物流、资金流和信息流，它们都是按照一定流程流动的。团队实现同一目标，可以有不同的流程。这就存在一个采用哪种流程的优选问题。因此，在团队组织结构设计时，首先要对流程进行分析对比、择优确定，即优化业务流程。优化的标准是：流程时间短，岗位少，人员少，流程费用少。

业务流程包括主导业务流程和保证业务流程。主导业务流程是产品和服务的形成过程，如生产流程；保证业务流程是保证主导业务流程顺利进行的各种专业流程，如团队物资供应流程、人力资源流程、设备工具流程等。首先，优化设计的是主导业务流程，使产品形成的全过程周期最短、效益最高；其次，围绕主导业务流程，设计保证业务流程；最后，进行各种业务流程的整体优化。

2. 按照优化原则设计岗位

岗位既是业务流程的节点，又是组织结构的基本单位。如企业可由岗位组成车间、科室，再由车间、科室组成各个子系统，进而由子系统组成全企业的总体结构。岗位的划分要适度，不能太大也不能太小，既要考虑流程的需要，也要考虑管理的方便。

3. 规定岗位的输入、输出和转换

岗位是工作的转换器，就是把输入的业务，经过加工转换为新的业务输出。通过输入和输出就能从时间、空间和数量上把各岗位纵横联系起来，形成一个整体。

4. 岗位人员的定质与定量

定质就是确定本岗位需要使用的人员素质。由于人员的素质不同，工作效率就不同，因而定员人数也就不同。人员素质的要求主要根据岗位业务内容的要求来确定。要求太高，会造成人员的浪费；要求太低，保证不了正常的业务活动和一定的工作效率。

定量就是确定本岗位需用人员的数量。人员数量的确定要以岗位的工作业务量为依据，同时也要以人员素质为依据。人员素质与人员数量在一定条件下成反比。定量就是在工作业务量和人员素质平衡的基础上确定的。

5. 设计控制业务流程的组织结构

这是指按照流程的连续程度和工作量的大小，来确定岗位形成的各级组织结构。整个业务流程是个复杂的系统，结构是实现这个流程的组织保证，每个部门的职责是负责某一段流程并保证其畅通无阻。岗位是保证整个流程实施的基本环节，应该先有优化流程，后有岗位，再组织车间、科室，而不是倒过来。流程是客观规律的反映，因人设机构，是造成组织结构设置不合理的主要原因之一，必须进行改革。

以上 5 个步骤，既有区别又有联系，必须经过反复的综合平衡、不断地修正，才能获得最佳效果。

四、常见的团队组织结构类型

团队组织结构的主要类型有以下七种。

1. 直线制

直线制是组织发展初期一种最简单的组织结构，如图 6 - 2 所示。

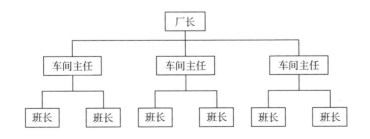

图 6 - 2　直线制组织结构

（1）特点。领导的职能都由团队各级主管一人执行，上下级权责关系呈一条直线。下属单位只接受一个上级的指令。

（2）优点。结构简化，权力集中，命令统一，决策迅速，责任明确。

（3）缺点。没有职能机构和职能人员当领导的助手。在规模较大、管理比较复杂的团队中，主管人员难以具备足够的知识和精力来胜任全面的管理，因而不能适应日益复杂的管理需要。

这种组织结构形式适合于产销单一、工艺简单的小型团队。

2. 职能制

职能制组织结构与直线制恰恰相反。它的组织结构如图 6 - 3 所示。

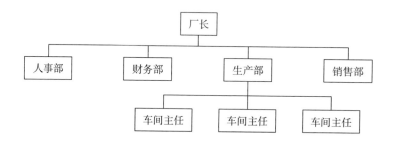

图 6 - 3　职能制组织结构

（1）特点。组织内部各个管理层次都设职能机构，并由许多通晓各种业务的专业人员组成。各职能机构在自己的业务范围内有权向下级发布命令，下级都要服从各职能部门的指挥。

（2）优点。不同的管理职能部门行使不同的管理职权，管理分工细化，从而能大大提高管理的专业化程度，能够适应日益复杂的管理需要。

（3）缺点。政出多门，多头领导，管理混乱，协调困难，导致下属无所适从；上层领导与基层脱节，信息不畅。

3. 直线职能制

直线职能制吸收了以上两种组织结构的长处，弥补了它们的不足，如图 6 - 4 所示。

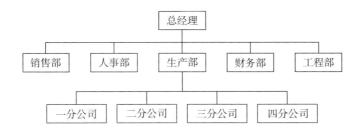

图6-4　直线职能制组织结构

（1）特点。组织的全部机构和人员可以分为两类：一类是直线机构和人员；另一类是职能机构和人员。直线机构和人员在自己的职责范围内有一定的决策权，对下属有指挥和命令的权力，对自己部门的工作要负全面责任；而职能机构和人员，则是直线指挥人员的参谋，对直线部门下级没有指挥和命令的权力，只能提供建议和在业务上进行指导。

（2）优点。各级直线领导人员都有相应的职能机构和人员作为参谋和助手，因此能够对本部门进行有效的指挥，以适应现代组织管理比较复杂和细致的特点；而且每一级又都是由直线领导人员统一指挥，满足了组织的统一领导原则。

（3）缺点。职能机构和人员的权力、责任究竟应该占多大比例，管理者不易把握。

直线职能制在组织规模较小、产品品种简单、工艺较稳定又联系紧密的情况下，优点较突出；但对于大型团队，产生或服务品种繁多、市场变幻莫测，就不适应了。

4. 事业部制

事业部制是目前国外大型组织通常采用的一种组织结构。它的组织结构如图6-5所示。

（1）特点。把组织的生产经营活动，按照产品或地区的不同，建立经营事业部。每个经营事业部是一个利润中心，在总公司领导下，独立核算、自负盈亏。

（2）优点。有利于调动各事业部的积极性，事业部有一定的经营自主权，

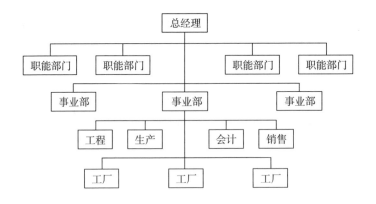

图 6-5　事业部制组织结构

可以较快地对市场做出反应，在一定程度上增强了适应性和竞争力；同一产品或同一地区的产品开发、制造、销售等一条龙业务属于同一主管，便于综合协调，也有利于培养有整体领导能力的高级人才；公司最高管理层可以从日常事务中摆脱出来，集中精力研究重大战略问题。

（3）缺点。各事业部容易产生本位主义和短期行为；资源的相互调剂会与既得利益发生矛盾；人员调动、技术及管理方法的交流会遇到阻力；组织和各事业部都设置职能机构，机构容易重叠，且费用增大。

事业部制适用于团队规模较大、产品种类较多、各种产品之间的工艺差别较大、市场变化较快及要求适应性强的大型联合团队。

5. 模拟分散管理制

模拟分散管理制又叫模拟事业部制，是介于直线职能制与事业部制之间的一种组织结构。

（1）特点。它并不是真实地在团队中实行分散管理，而是进行模拟式独立经营、单独核算，以达到改善经营管理的目的。具体做法是：按照某种标准将团队分成许多"组织单位"，将这些单位视为相对独立的"事业"，它们拥有较大的自主权和自己的管理机构，相互之间按照内部转移价格进行产品交换并计算利润，进行模拟性的独立核算，以促进经营管理的改善。

（2）优点。简化了核算单位，在一定程度上能够调动各组织单位的积极性。

（3）缺点。各模拟单位的任务较难明确，成绩不易考核。

它一般适用于生产过程具有连续性的大型团队，如钢铁联合公司、化工公司等，这些团队由于规模过于庞大，不宜采用集权的直线职能制，而其本身生产过程的连续性又使经营活动的整体性很强且不宜采用分权的事业部制。

6. 矩阵制

矩阵制组织结构如图 6-6 所示。

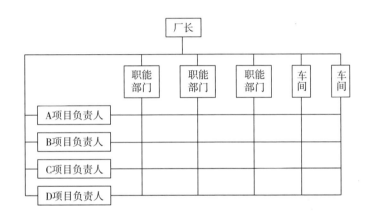

图 6-6　矩阵制组织结构

（1）特点。既有按照管理职能设置的纵向组织系统，又有按照规划目标（产品、工程项目）划分的横向组织系统，两者结合，形成一个矩阵。横向系统的项目组所需工作人员从各职能部门抽调，这些人既接受本职能部门的领导，又接受项目组的领导，一旦某一项目完成，该项目组就撤销，人员仍回到原职能部门。

（2）优点。加强了各职能部门间的横向联系，便于集中各类专门人才加速完成某一特定项目，有利于提高成员的积极性。在矩阵制组织结构内，每个人都有更多机会学习新的知识和技能，因此有利于个人发展。

（3）缺点。由于实行项目和职能部门双重领导，当两者意见不一致时令人无所适从；工作发生差错也不容易分清责任；人员是临时抽调的，稳定性较差；成员容易产生临时观念，影响正常工作。

它适用于设计、研制等创新型组织，如军工、航空航天工业企业。

7. 多维立体制

多维立体制组织结构是在矩阵型组织结构的基础上发展起来的。它的组织结构如图6-7所示。

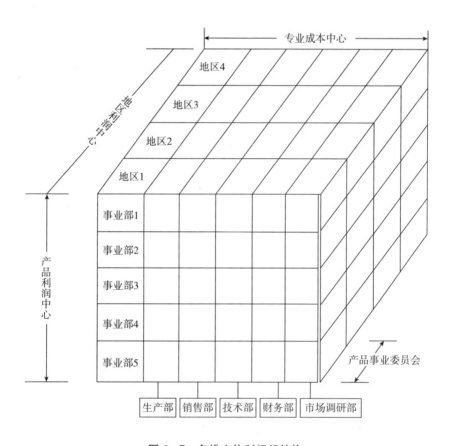

图6-7 多维立体制组织结构

多维立体制组织结构是系统理论在管理组织中的一种应用。主要包括：

（1）按产品划分的事业部——产品事业利润中心。

（2）按职能划分的专业参谋机构——专业成本中心。

（3）按地区划分的管理机构——地区利润中心。

通过多维立体结构，可以把产品事业部经理、地区经理和总公司参谋部门这三者较好地统一和协调成管理整体。该种组织结构形式适合于规模巨大的跨国公司或跨地区公司。

五、组织结构图的制作

组织中所有的工作都确定后，有必要明确分工，形成职能部门，并描绘出组织结构。该结构描述了组织中各项工作的关系，同时也是管理体制和管理模式的反映，如图6-8所示。

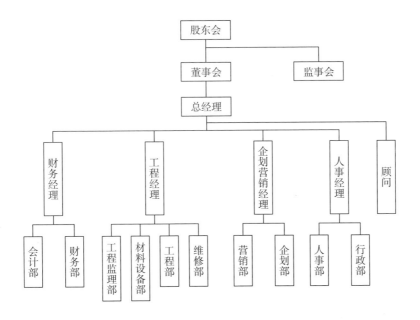

图6-8　某企业的组织结构

制作图表时应考虑以下七个问题：

（1）图表的主题。确定图表的范围，是一个系统、一个部门、一个地区，也是整个组织的组织结构图。

（2）简洁明了。尽量使图表简洁清楚，强调主要机构。

（3）名称。用职务名称来描述工作水平和职能，如"主管"是不明确的，要尽可能说明责任，如"行政主管"；含义较明朗的，不必进一步阐明，如"总经理"或"秘书"。

（4）次序。不要先写组织中的人员名称，首先要确定职能，然后再将负有相应责任的人名填上去。

（5）职务。在一个矩形框里描述组织各部门的职务。

（6）等级。用垂直线描述不同等级的相关工作，用水平线描述相似等级的工作。

（7）职权。用水平直线或垂直线表示直接权力，用点线表示间接权力。

在一个有活力的组织里，图表会非常复杂，因为可能会有双重的关系存在。例如，一个设计工程师也许既要向工程经理汇报，又要向负责审核和管理的首席工程师汇报，这种类型的组织叫作"矩阵组织"。现在有越来越多的组织使用这种组织结构，尤其在工程施工和高科技行业。

［案例］

中航工业陕飞项目团队组织与分工

一、项目描述

在团队开始进行某一项目的时候，首先要了解项目的具体内容，要进行项目描述。

项目描述：在项目计划工作中，对项目进行描述是第一步工作，要圆满完成这部分工作，除了要了解项目需要做些什么，在项目描述中具体包含哪些内容之外，更重要的是，还要清楚项目客户的真正需求，进行合理的需求分析。

项目描述包含多方面的信息，其中，有一些内容对计划和管理一个项目非常重要，具体如下：

（1）项目名称；

（2）项目目标；

（3）项目交付物；

（4）交付物验收标准；

（5）项目主要工作描述；

（6）项目的前提假设和基准原则；

（7）参考标准；

（8）项目约束；

（9）主要里程碑；

（10）进度总结；

（11）标志信号。

比如下面的一则项目描述：

项目名称：××飞机航电系统减重设计。

目标：航电系统重量比原设计减少×××kg。

项目交付物：图纸、材料清单、试验数据报告。

验收标准：

航电系统重量减少×××kg；

完成减重后的测试。

工作描述：

讨论研究当前的设计；

研究减重设计方法；

进行减重设计进行测试，最终完成减重设计。

规范要求：

根据已有的设计和团队标准。

开始时间：××××年××月××日

主要里程碑：

开始设计时间：××××年××月××日

完成测试时间：××××年××月××日

交付图纸时间：××××年××月××日

二、项目分解

在完成项目描述后，紧接着就该进行工作分解。要顺利完成这一部分工作，首先必须了解工作分解结构在项目过程中起到的重要工作，其次要熟悉不同类型和结构的工作分解结构图及其应用，同时还要熟练掌握工作分解结构的技术和工具。为了确定项目参与人员的职责范围、进行项目估算、建立项目工作关键路径、实现项目资源分配，以及提供风险规避方案，每一个需要向项目提供服务的人或组织，包括项目经理、团队成员、技术指导、客户和供应商代表，在确定项目交付物并完成项目工作描述之后，都应该开始制作自己的工作分解图。

工作分解的一般原则：①项目中的工作包必须确定；②复杂的工作都应该分解成两个以上工作包；③在所有的工作包中应具有一定的层级关系。

在飞机系统设计，首先要对设计项目进行分解，根据系统的功能或结构将项目分解成若干个工作包；其次由团队成员对工作包进行更细致的分解，进一步明确设计任务；最后由项目团队负责人根据其他成员的工作分解的汇总分析，确定项目的关键路径，找出项目突破口，从而实现项目的完成。

三、项目组成员确定

项目设计开始前，项目设计团队要从员工基本信息库中确定成员，信息库中包括员工的个人信息，"基本信息"表示该员工的年龄、性别、政治面貌、籍贯等外，还包括成功的项目经历、工作状态、工作状态、人气/性格取向、角色团队取向、技能/知识等级等，项目经历是指该员工曾经做过哪些、哪种项目，在这些项目中承担过何种责任、扮演过何种角色。工作状态则是指该员工目前的工作负荷和在项目工作中承担的角色与责任。工作状态表示该员工在目前阶段最看重的、最需要激励的方式。人气/性格取向表明该员工的性格特征。角色团队取向是指该员工在项目团队中更倾向于扮演何种团队角色。技能/知识等级表示该员工拥有的技能/知识种类及其程度，以及这些技能/知识等级能胜任哪些项目角色。在飞机设计领域，为了能更好地组建设计团队，应该对飞机设计人员建立详细的信息库，其中"项目经历"中应包括设计人员从事过哪些型号的设计，主要从事飞机哪一部分的设计，参加过哪些飞机的保障飞行，在这些设计中，设计人员主要承担什么责任（编制、校对或审核），工作状态中应包括设计人员目前所承担的设计任务（设计量和设计难度），在设计项目中所起的作用；价值取向中应记录设计人员所喜好的激励方式，人气/性格取向中记录设计人员的处世方式及性格特征；在"角色团队取向"中记录设计人员在设计项目中更倾向于何种角色；在"技能/知识等级"中记录人员对设计软件的掌握，对设计能力的积累。

在对项目工作分析的基础上，了解和定义完成项目各项工作都需要何种角色，这些角色需要具备哪些技能，何时需要这些角色。在通过对飞机设计项目工作分析后，要确定这个项目需要哪一类的设计人员来完成，主要看这些设计人员从事过哪些型号的设计，具备哪些设计知识，他们能承担什么样的设计责任。

四、责任矩阵

在确定了项目队员后，紧接着应该建立完整的责任矩阵。虽然在实际工作中，完成责任矩阵的建立工作并没有明确的时间约束，但在项目中，如果缺乏清晰的工作指派和分配，不但无法保证项目任务的按时完成，同时也使每个团队成员都不能清晰地说明他们当前的工作进度。在制作责任矩阵时，首先要了解责任矩阵对项目的重要性，其次要能够描述出不同类型责任矩阵的特点，并掌握其建立原则及技术方法。

制作责任矩阵步骤如下：

（1）确定设计工作分解结构中所有层次最低的工作包，将其填在责任矩阵列中；

（2）确定所有项目参与者，填在责任矩阵标题行中；

（3）针对每一个具体的工作包，指派某人或组织对其负全责；

（4）针对每一个具体的工作包，指派其余的责任承担者；

（5）检查责任矩阵，确保所有的参与者都有责任分派；同时所有的工作包都已经确定了合适的责任承担人。

五、网络计划

在不了解项目过程中所有工作的先后顺序时，是不可能制作项目计划的。

在项目计划过程中，制作一个合理的进度计划是非常必要的，它是对项目进行管理和控制的关键工具。利用网络图这种可视化工具显示项目的进度计划非常直观有效，网络图不仅能显示出项目工作中的关键和非关键路径，而且对项目进度影响最大的那些任务，网络图还可以协助进行资源分配。为了使项目团队成员清楚地了解项目的每个部分是如何联系在一起的，针对项目中所有的工作，建立一个可视化的进度图，协助项目团队进行最有效的资源分配。

六、项目资源管理

在项目计划过程中，要考虑到项目资源的有限性，因此必须对资源（人、物）进行有效管理。如何把资源首先分配在关键任务上，如何恰当地应用资源负荷图和资源优化工具，对项目能否获得最终成功是非常重要的。进行资源管理工作时，必须了解资源计划对项目的重要性，并掌握制作和使用资源负荷图的技巧以及资源优化工具。为了获得项目在实施过程中任何一个进度状态下所有的项目工作需要的资源数量，项目团队核心组织在完成时标网络图和资源估算工作后，应该进行资源管理工作。资源管理工作主要包括资源负荷图的绘制，以及根据资源负荷图对工作进行优化等内容。

资源负荷图制作步骤：

（1）根据网络图和估算，为每一种资源，按照先关键路径后非关键路径的原则，建立资源方块；

（2）核查资源是否超出实际中能够提供的上限；

（3）移动非关键路线上的工作，使资源优化；

（4）如有必要，重新对关键路线上的工作进行估算；

（5）重新制作时标网络图，并在图中反映出工作的移动。

七、风险分析

在项目实施过程中，存在一些特殊的事件，可能会导致项目最终失败。对于这些事件进行的分析就是风险分析。在风险分析中，一旦确认了项目可能面对的风险，项目团队就必须制订出相应的战略方案，来降低或避免风险。在进行风险分析，制订风险规避方案时，首先必须了解如何确定项目中的风险范围，通过分析风险的水平，预测项目中的突变，确定是否需要制订应急计划、规避计划和恢复计划，如果有必要，应制订相应的备选方案，并在备选方案中进行分析和选择。

在完成风险分析工作后，相应地应该建立风险规避计划。为了找出最好的方案来降低已确定可能出现的风险，项目管理层以及客户利益相关者，在开始制订战略计划时，就应该开始制作风险规避计划，并将这项工作贯穿在整个项目实施和收尾过程中。

八、项目控制管理

有效进行项目控制管理，对于项目最终获得成功意义重大，它能协助项目团队在约定的时间和费用要求下，得到符合质量要求的项目交付物。在进行控制管理过程中，会使用一些常见的项目可视化工作，并运用一定的领导艺术，对项目进行管理。

管理项目需要一个好的计划，计划是检查进度的基准，没有好的计划，项目就很难成功。在项目实施过程中，应该不断地将项目状态同基准计划进行比较，对基准计划和实际情况之间的差别进行分析，这样就可以减少项目冲突带来的不利影响，并为项目团队制定正确的决策提供参考。

要实现有效的项目控制，首先必须了解项目控制的一些重要原则，并能有效使用控制工具，进行沟通、跟踪和控制系统的设计工作。项目管理层在指定项目章程时即可开始进行项目控制，并持续进行到项目结束。在我们飞机设计项目中，在设计工作展开的同时，我们也指定了有效的控制手段，在设计的各个环节保证其按计划节点顺利进行。

九、项目收尾

任何一个项目都会有收尾。项目的关键就是要提供客户需要的产品和服务，这些项目交付物必须满足质量要求，并满足预先商定的时间和费用要求。

在飞机设计项目的关键就是飞机能够满足客户（部队）的使用要求，飞机的交付并不代表项目的完成，还要在以后对飞机提供保障服务，这些都是项目的范畴。

为了说明项目已经完成而且完成得很好，项目经理、项目团队、管理层、客户、供应商，按照项目战略规划，在判断项目已经发展到收尾阶段后，同时，也断定使项目实现成功收尾的必要条件已经频繁出现时，应采取相应的措施完成项目收尾工作。

总之，通过一个完整的项目管理，我们看清了项目团队的组织、分工和工作模式，我们只有更科学地进行整个项目团队组织、分工才能更高效地完成整个飞机设计项目。

任务

根据该案例提示，整理出团队小组设计的步骤，并对各自团队划分小组。

评价标准：

（1）步骤清晰；

（2）分工明确，即每一件事都有人做，每一个人都有事做；

（3）分工合适，即工作量均衡，符合每一个人的特质。

第三节　岗位说明书

岗位说明书是人力资源管理中最基础的文件，是工作分析的最终结果，又称为职务说明书或职位说明书，是通过工作分析过程，用规范的文件形式对团队内各类岗位的工作性质、任务、责任、权限、工作内容和方法、工作条件、岗位名称、职种职级以及该岗位任职人员的资格条件、考核项目等做出统一的规定。例如，团队编制岗位工作说明书的目的，是为团队的招聘录用、工作分派、签订劳动合同以及职业指导等现代团队治理业务，提供原始资料和科学依据。好的岗位说明书，能够使人一看就明白：是什么人可以干这个岗位，在这个岗位上要做一些什么工作，会和哪些部门打交道，等等。考虑到以后工作的需要，下面就从一般角度介绍一下岗位说明书的一些知识。

一、岗位分析

岗位分析，指对某项工作进行完整的描述或说明，以便为团队管理活动提供有关岗位方面的信息，而进行一系列岗位信息的收集、分析和综合的团队管理的基础性活动。

岗位分析主要从以下八个要素着手进行分析，即7W1H：

Who：谁从事此项工作，责任人是谁，对人员的学历及文化程度、专业知识与技能、经验以及职业化素质等资格要求。

What：成员要完成的工作任务当中，有什么特质性的要求。

Whom：为谁做，即顾客是谁。这里的顾客不仅指外部的客户，也可以是团队内部的员工，包括与从事该工作有直接关系的人：直接上级、下级、同事和客户等。

Why：为什么做，即工作对该岗位工作者的意义所在。

When：工作任务要求在什么时间完成。

Where：工作的地点、环境等。

What Qualifications：从事这项工作的成员应该具备的资质条件。

How：如何从事此项工作，即工作程序、规范以及为从事该工作所需要的权力。

岗位分析的方法有很多种，此处从一般性人力资源管理角度重点介绍七种常用的岗位分析方法。

1. 问卷调查法

问卷调查法就是根据岗位分析的目的、内容等，事先设计一套岗位调查问卷，由被调查者填写，再将问卷加以汇总，从中找出有代表性的回答，形成对岗位分析的描述信息。问卷调查的关键是问卷设计。问卷有开放型和封闭型两种形式。开放型：由被调查人根据问题自由回答。封闭型：调查人事先设计好答案选项，由被调查人选择确认。

问卷调查法的具体实施步骤是：

（1）问卷设计。设计问卷时要做到：

1）提问要准确；

2）问卷表格要精练；

3）语言通俗易懂，问题不可晦涩难懂；

4）问卷表前面要有指导语；

5）激发被调查人兴趣的问题放在前面，问题排列要有逻辑。

（2）问卷发放。进行岗位分析问卷发放时，应该先进行说明，说明内容有岗位分析目的、岗位分析问卷填答方法，并清楚告知此次活动的进行不会影响到员工权益，确定各主管皆明白如何进行后，由主管辅导下属进行岗位分析问卷的填答。

（3）填答说明与解释。虽然在岗位分析问卷填答前有过详细的说明，也进行了问题解答，但是还可能有许多问题产生，因此，在此期间必须注意各成员填写状况，并予以协助。

（4）问卷回收及整理。对于回收的问卷，首先必须检查是否填写完整，并仔细查看是否有不清楚、重叠或冲突之处，若有，需要进行讨论，以确认资料收集的正确性。

如果事先已请填写者将内容转换成计算机档案，则岗位分析时只需以原档案进行修改即可，不需再花费许多时间将问卷内容转换成计算机文书文件，且只要资料确认无误，即可完成职务说明书的撰写。

2. 访谈法

访谈法是访谈人员就某一岗位与访谈对象，按事先拟订好的访谈提纲进行交流和讨论。访谈对象包括：该职位的任职者；对工作较为熟悉的直接主管人员；与该职位工作联系比较密切的工作人员；任职者的下属。为了保证访谈效果，一般要事先设计访谈提纲，事先交给访谈者准备。访谈法分为个体访谈和群体访谈。

进行访谈时应注意以下原则：

（1）明确面谈的意义。

（2）建立融洽的气氛。

（3）准备完整的问题表格。

（4）要求按工作重要性程度排列。

（5）面谈结果让任职者及其上司审阅修订。

3. 观察法

观察法就是岗位分析人员在不影响被观察人员正常工作的条件下，通过观察将有关工作的内容、方法、程序、设备、工作环境等信息记录下来，最后将取得的信息归纳整理为适合使用的结果的过程。利用观察法进行岗位分析时，应根据岗位分析的目的利用现有的条件，确定观察的内容、观察的时间、观察的位置、观察所需的记录单等，做到省时高效。观察法又分为：

（1）直接观察法。工作分析人员直接对员工工作的全过程进行观察。直接观察适用于工作周期很短的职位。如保洁员，他的工作基本上是以一天为一个周期，职位分析人员可以一整天跟随着保洁员进行直接工作观察。

（2）阶段观察法。有些工作具有较长的周期性，为了能完整地观察到员工的所有工作，必须分阶段进行观察。例如，行政文员需要在每年年终时筹备总结表彰大会，职位分析人员就必须在年终时再对该职位筹备总结表彰大会的工作过程进行观察。

（3）工作表演法。对于工作周期很长和突发性事件较多的工作比较适合。例如，保安工作，除有正常的工作程序外，还有很多突发事件需要处理，如盘问可疑人员等，职位分析人员可以让保安人员表演盘问的过程，以此来进行该项工作的观察。

应用观察法的要求：

（1）注意所观察的工作应具有代表性。

（2）观察人员在观察时尽量不要引起被观察者的注意。在适当的时候，工作分析人员应该以适当的方式将自己介绍给员工。

（3）观察前应确定观察计划，计划工作中应含有观察提纲、观察内容、观察时刻、观察位置等。

（4）观察时思考的问题应结构简单，并反映工作内容，避免机械记录。

采用观察法进行岗位分析的结果比较客观、准确，但需要岗位分析人员具备较高的素质。它适用于外部特征较明显的岗位工作，如生产线上工人的工作、会计人员的工作等。不适合长时间的心理素质的分析。不适合工作循环周期很长的工作和脑力劳动的工作，偶然、突发性工作也不易观察，且不能获得有关任职者要求的信息。

4. 关键事件法

关键事件法要求岗位工作人员或其他有关人员描述能反映其绩效好坏的"关键事件"，即对岗位工作任务造成显著影响的事件，将其归纳分类，对岗位工作有一个全面的了解。关键事件的描述包括：导致该事件发生的背景、原因；员工有效或多余的行为；关键行为的后果；员工控制上述后果的能力。采用关键事件法进行岗位分析时，应注意三个问题：一是调查期限不宜过短；二是关键事件的数量应足够说明问题，事件数目不能太少；三是正反两方面的事件都要兼顾，不得偏颇。

关键事件法的主要优点是研究的焦点集中在职务行为上，因为行为是可观察的、可测量的。同时，通过这种职务分析可以确定行为的任何可能的利益和作用。

关键事件法的主要缺点：一是费时，需要花大量的时间去收集那些关键事件，并加以概括和分类；二是利用关键事件法，对中等绩效的员工就难以涉及，因而全面的职务分析工作就难以完成。

该方法适用于同一职位员工较多，或者职位工作内容过于繁杂的工作。

5. 参与法

参与法是指岗位分析人员直接参与某一岗位的工作，从而细致、全面地体验、了解和分析岗位特征及岗位要求的方法。

与其他方法相比，参与法的优势是可获得岗位要求的第一手真实、可靠的数据资料。获得的信息更加准确。当然参与法也有缺点，由于分析人员本身的知识与技术的局限性，其运用范围有限，只适用于较为简单的工作岗位分析。

6. 工作日志法

工作日志法是让员工以工作日记或工作笔记的形式记录日常工作活动而获

得有关岗位工作信息资料的方法。

其优点是：如果记录很详细，那么经常会提示一些其他方法无法获得或者观察不到的细节。工作日志法最大的问题是工作日志内容的真实性。

该方法适用于高水平、复杂工作的分析。

7. 交叉反馈法

交叉反馈法，首先由工作分析专家与从事被分析岗位的骨干人员或其主管人员交谈、沟通，按组织需要，确定工作岗位；其次由这些主管人员或骨干人员根据设立的岗位按预先设计的格式，草拟工作规范初稿；再由工作分析专家与草拟者和其他有关人员一起讨论，并在此基础上起草出二稿；最后由分管领导审阅定稿。访谈对象最好是从事该项工作的关键人员或比所需要了解岗位高一个层次的岗位工作人员，这样反映问题比较全面、客观。

该方法的优点是：工作规范描述准确，可执行性强；工作关系图、工作流程的描述相对清晰；能够较好地与实际工作相吻合。不足之处是：所需花费时间较多，反馈周期较长，工作任务量大。

这种方法适合于发展变化较快，或职位职责还未定型的组织。由于组织没有现成的观察样本，所以只能借助专家的经验来规划未来希望看到的职位状态。

在进行团队成员分工时，我们可以根据需要选择岗位设计方法，也不一定要机械地照抄照搬某一方法的全部步骤，只要把握某一方法的精髓达到目的即可。

二、岗位分析的步骤

1. 确定工作岗位

岗位分析首先要收集和研究有关工作机构的一般情况，确定每一工作岗位在组织机构中的位置。为此，分析人员通常从组织结构和工作程序图入手调查，工作程序图可以帮助分析人员了解工作过程。不过，依靠工作程序图或组织结构图确定工作岗位之间的职能关系和明确各项任务的目的，经常可能是不完全的。因而还需要有其他一些资料的补充。包括工作说明书、操作和培训手册、其他有关的规则或领导的要求。

2. 进行岗位分析

岗位分析是一个全面的评价过程，这个过程可以分为四个阶段：准备阶段、调查阶段、分析阶段和完成阶段。这四个阶段关系十分密切，它们相互联系、相互影响。

（1）准备阶段。准备阶段是岗位分析的第一阶段，主要任务是了解情况，确定样本，建立关系，组成工作小组。具体工作如下：

1）明确工作分析的意义、目的、方法、步骤。

2）向有关人员宣传、解释。

3）与工作分析有关的工作员工建立良好的人际关系，并使他们做好心理准备。

4）以精简、高效为原则组成工作小组。

5）确定调查和分析对象的样本，同时考虑样本的代表性。

6）把各项工作分解成若干工作元素和环节，确定工作的基本难度。

（2）调查阶段。调查阶段是岗位分析的第二阶段，主要任务是对整个工作过程、工作环境、工作内容和工作人员等主要方面做一个全面的调查。具体工作如下：

1）编制各种调查问卷和提纲。

2）灵活运用各种调查方法，如面谈法、问卷法、观察法、参与法、实验法、关键事件法等。

3）广泛收集有关工作的特征以及需要的各种数据。

4）重点收集工作人员必需的特征信息。

5）要求被调查的员工对各种工作特征和工作人员特征的重要性和发生频率等做出等级评定。

（3）分析阶段。分析阶段是岗位分析的第三阶段，主要任务是对有关工作特征和工作人员特征的调查结果进行深入全面的分析。具体工作如下：

1）仔细审核收集到的各种信息。

2）创造性地分析、发现有关工作和工作人员的关键成分。

３）归纳、总结出工作分析的必需材料和要素。

（４）完成阶段。完成阶段是岗位分析的最后阶段，前三个阶段的工作都是为了达到此阶段目标的，此阶段的任务就是根据规范和信息编制"工作描述"和"工作说明书"。

三、岗位说明书主要内容

一般来说，岗位说明书应该包括以下主要内容：

（１）工作标识：包括岗位名称、岗位编号、所属部门、直属上级、纵向晋升岗位、横向轮换岗位、岗位系列、岗位级别。

（２）管理幅度：为该岗位所直接管理的人数，它包括直接管理的岗位名称和人数，也就是直接向该岗位汇报工作的员工人数。

（３）岗位目的：简要说明工作的主要内容，设置此岗位的意义。

（４）岗位责任：指该岗位所承担的责任，着重强调必须完成的任务，一旦发生过失应受到惩罚，责任性质需要加以界定，包括领导责任、全部责任、主要责任和次要责任。

（５）岗位权限：指为完成该岗位工作内容，而赋予该岗位的权限范围，包括业务权限、人事权限和财务权限。

（６）工作关系：指该岗位与公司内外其他岗位之间的关系，包括与上级、同级和下级的沟通，以及公司外部团队等。

（７）任职要求：指对从事该岗位员工的身体素质、教育背景、工作经验、专业知识、职业资质、工作能力等方面的要求。

四、岗位职责撰写要点

（１）职责归位：要将具有相同特征的事项归类总结为一项工作职责。

（２）事实描述：描述的是工作的事实，而不是对之进行评价或提出主观要求。

（３）具体详细：尽量避免对工作职责进行笼统的描述。

（４）标准的岗位职责描述格式：动词＋宾语＋结果。动词的选择可参照岗位职责动词使用规范；宾语表示该项任务的对象，即工作任务的内容，结果表示通过此项工作完成要实现的目标，可用"确保、保证、争取、推动、促进"等词语连接。

岗位职责动词使用规范：

（1）决策层：主持、制定、策划、指导、督办、协调、委派、考核、交办、审核、审批、批准、签署、核转。

（2）管理层：团队、拟定、提交、制定、支持、督促、布置、提出、编制、开展、考察、分析、综合、研究、处理、解决、推广。

（3）执行层：策划、设计、提出、参与、协助、编制、收集、整理、调查、统计、记录、维护、遵守、维修、办理、呈报、接待、保管、核算、登记、送达。

［示例］

工资管理岗位工作说明书

一、基本信息

岗位名称：工资管理岗

岗位编码：ZJ02100

岗位类别：专业技术岗

岗位等级：5 级、6 级、7 级

所属单位：公司人事部

编制时间：　　　年　　　月　　　日

二、工作概要和主要任务

负责公司工资、奖金分配与绩效考核管理等工作。

三、岗位职责

（1）负责制定工资管理、奖金分配规章制度等工作。

（2）负责编制年度工资、奖金分配计划及调整计划，并按要求及时报批。

（3）负责审批、检查所属单位月度工资结算、奖金分配等工作。

（4）负责研究、处理生产经营中工资管理、奖金分配中出现的新问题。

（5）负责工资、奖金结算数据的统计、分析等工作，建立工资、奖金分配台账。

（6）负责公司岗位工资制度运行、岗位变动工资处理等日常管理工作。

（7）负责绩效考核、岗位测评管理等工作。

（8）负责假期制度、考勤制度管理等工作。

（9）负责所属单位工资、奖金分配管理业务指导、业务培训等工作。

（10）负责领导交办的其他各项工作。

四、任职条件要求

学历：中专以上学历。

上岗资格：

专业技术职称：初级以上专业技术资格。

工作经验：从事相关工作2年以上。

综合素质及其他要求：

专业知识：具备劳动人事管理基础知识。

能力要求：具备较好的电脑应用、语言表达、文字和协调能力。

五、工作环境：工作场所室内办公场所

工时制度：标准工时工作制。

任务

制定各团队成员的工作岗位说明书。

评价标准：

（1）有完备的岗位说明书主要内容；

（2）岗位职责撰写要点把握到位。

五、岗位设计注意事项

不要设计只有天才才能胜任的职位。

这是许多团队都会犯的一个通病。在团队的特定阶段，有位"非常人物"做过这个职位，在这个特定职位的人离开后，就按这个人物的特殊天分，定下了这个职位的任职条件，但这个职位需要多种才华才能胜任。

天才不是真的找不着，但这样的做法根本不务实，唯有"平凡人"足以完成"不平凡的事"的团队才是好的团队！！

［示例］

销售团队的架构及岗位职责

一、架构

预计组建8人团队。销售经理1人，下设2个销售团队。每个销售组配备3~4人，设组长1名。

二、岗位职责

销售经理：

（1）在总经理领导下，和各部门密切配合完成工作。

（2）严格遵守公司各项规章制度，处处起到表率作用。

（3）制订销售计划，确定销售政策。

（4）销售人员的招募、选择、培训、调配。

（5）销售情况的及时汇总、汇报并提出合理建议。

（6）根据销售计划，参与制定和调整销售方案（策略），并负责具体销售方案实施。

（7）根据公司规定，定期对业务员进行考核。

销售组长：

（1）在销售经理领导下负责具体销售工作。

（2）根据公司整体经营目标，参与制订销售计划，同时制订本组每月销售计划，掌握销售进度。

（3）定期团队汇报销售情况，编制销售报表，定期报送销售经理。

（4）主持周会和每日例会。

（5）每日确认各业务员当日业绩。

（6）日常销售管理工作。

（7）参与并制定销售工作流程和标准。

（8）培训销售团队，支持员工对新的工作方法或流程的实践。

销售代表：

（1）全力完成公司下达的销售指标，负责指定区域的市场开发、客户推广和销售管理等工作。

（2）收集与寻找潜在客户，开发新客户，拓展与老客户的业务，建立和维护潜在客户档案。

（3）制订自己的销售计划，并按计划拜访客户。

（4）熟悉产品知识，保证准确无误向客户传达产品信息，建立公司专业负责的良好形象。

（5）学习并掌握有效销售技巧，通过对客户专业化面对面拜访或接待，说服客户接受公司产品。

第四节　团队管理制度

团队管理制度是对团队一定的管理机制、管理原则、管理方法以及管理机构设置的规范。它是实施一定的团队管理行为的依据，是团队建设过程顺利进行的保证。合理的团队管理制度可以简化团队管理过程，提高团队管理效率。

团队管理制度应该具有如下特点：

权威性。团队管理制度由团队制定，在其适用范围内具有强制约束力，一旦形成，不得随意修改和违犯。

排他性。某种团队管理原则或管理方法一旦形成制度，与之相抵触的其他做法均不能实行；特定范围内的普遍适用性。团队各种管理制度都有自己特定的适用范围，在这个范围内，所有同类事情，均需按此制度办理。

相对稳定性。团队管理制度一旦制定，在一般时间内不能轻易变更，否则无法保证其权威性。这种稳定性是相对的，当现行制度不符合变化了的实际情况时，又需要及时修订。

一、为什么需要制度

制度管人，流程管事，团队打天下。这是许多团队奉行的管理法宝。可能很多人不太理解制度化，认为就是条条框框，就是处罚，就是让我们老老实实地干活，等等。事实上，制度化管理是指管理中强调依法依规，对事不对人。因此，法制规章健全，在管理中事事处处都有规章制度约束，以管理制度完善，并且注意管理的硬件，重视管理方法的科学化。

将团队管理制度化，有其必要性。

（1）将优秀成员的智慧科学地转化成团队具体工作行为，形成一个统一的、系统的制度体系，使团队持续、稳健的发展。

（2）能够更有效发挥团队的整体优势，使团队内外能够更好地配合，可以避免团队中由于成员能力和特性的差异，使团队建设管理出现差异和波动。

（3）各项规章制度使成员更好地了解团队，让成员更快地找对自己的位置，使工作更顺畅，提前进入工作状态，为团队做出贡献。

（4）为团队成员能力的发挥制定公平、公正的平台，根据岗位制度寻找合适的成员，为成员提供晋升制度和奖惩制度，不存在个人主观性和随意性。

（5）团队成员由于有统一的标准参考，可以明确自己工作需要达到的标准，能够对自己的工作有一个明确的度量，更有利于自我培训和团队成长，使整个团队形成向上的力量，最终是团队文化的体现。

［案例］

1984 年青岛电冰箱厂（海尔集团的前身）亏空 147 万元，从张瑞敏上任的第一条规定"不准随地大小便"开始一系列的规章制度管理下成就了海尔文化，在 2007 年实现全球营业额 1180 亿元的中国家电第一品牌，并在 2008 年 3 月，海尔第二次入选英国《金融时报》评选的"中国十大世界级品牌"。

团队管理制度化也有一些不足之处。

制度过于刚性，是执行力的体现，但因人性格的特点有勤奋和懒惰、积极和消极、主动和被动、清廉和贪欲等不同，对世界观和价值观的取向不同，导致制度在不同的人看来有不同的认知度，不是人性化的体现，不是以人为本。因此有人说，当一个单位开始要打卡上班了，这个单位就开始走下坡路了。

二、团队需要哪些制度

中国有句俗话："没有规矩，不成方圆。"其意思就是说，没有规则（制度）的约束，人类的行为就会陷入混乱。这样一个朴素而重要的思想，可能没有人会认为它不正确，但它却一直在生活中被人们不应该地忽视了。制度建设是一个制定制度、执行制度并在实践中检验和完善制度的理论上没有终点的动态过程，从这个意义上讲，制度没有"最好"，只有"更好"。但科学的积极的制度的建立，能降低"风险"、坚持"勤政"、促进"发展"。

一般来说，团队制度，是指在一定的环境条件下所形成的各种关系，包括团队运行和发展中的一些重要规定、规程和行动准则。团队制度是团队为了规范自身的建设，加强考勤管理，维护工作秩序，提高工作效率，经过一定的程序严格制定相应的制度，是团队管理的依据和准则。团队的管理制度有助于维护工作秩序，提高工作效率。团队管理制度大体上可以分为规章制度和责任制度。规章制度侧重于工作内容、范围和工作程序、方式，如管理细则、行政管理制度、生产经营管理制度。责任制度侧重于规范责任、职权和利益的界限及其关系。一套科学完整的团队管理制度可以保证团队的正常运转和成员的合法利益不受侵害。

我们需要哪些制度？存在的问题需要通过制度来解决！

如我们的学习团队现在是不是存在如下问题：

怎么学习？

怎么激发参与积极性？

不来上课怎么办？

不参加团队活动怎么办？

贡献大有什么好？

不服从安排、不履行职责怎么办？

……

常见的制度包括管理大纲、财务管理制度、合同管理制度、工程发包制度、采购管理、销售管理、办公室管理、考勤制度、档案管理制度、保密制度、安全保卫制度、车辆管理制度、卫生管理制度、差旅费管理制度、会议管理制度、奖惩制度等。

不同的团队需要不同的制度。例如，我们现在的各学习团队，就应该需要如下制度：

××团队学习纪律制度——解决学习行为缺乏约束问题；

××团队绩效考核制度——解决调动积极性奖优罚劣问题；

××团队讨论活动制度——解决讨论活动不积极缺乏准备等问题；

……

三、什么是好的制度

制度不是越多越好！管到位就行。

制度不是越细越好！管用就行。

好的制度基本具有以下几个方面的特点：

（1）好的管理制度能够改变工作中的坏习惯，养成好的习惯。正所谓"团队是一所学校"，实质上就是说制度在改变人，在改变人的观念、习惯，形成与社会进步、发展相适应的观念和习惯。

（2）制度是有成本的，好的管理制度应该是成本低、效益高的制度。好的制度制定要考虑执行过程中的成本问题，这其中非常重要的一点就是是否符合工作中的实际情况，是否能够被大部分成员从内心认同。如果大部分成员从内心、骨子里就不认同制度，就不会最大限度地投入工作，甚至经常因为制度的事情，而耿耿于怀，心生不满，把情绪集中在一项不认同的制度上，精力分散，注意力不集中，工作成效大大减少；一个成员不是孤立的，他的行为也会感染他人的，制度建设的无形成本就这样产生了。

（3）在我们的管理观念中，制度不是上级管理下级的工具，制度是团队内部成员共处的行为规范、准则，或团队成员须共同遵守的程序。

（4）管理制度不是突然出现的，也不是可以从别的团队照搬的，它一定要有团队自身的特点，要结合团队实际，体现团队的环境特征，发扬和保持原有好的制度思想和制度，改善不合时宜的制度文件。

（5）制度要体现执行力，体现科学管理，制度不是可有可无的，制定一项制度就必须执行一项制度，制度一定要有所为。

（6）制度是一个体系，各项制度之间不能在指导思想上或编制思想上出现自相矛盾的现象。

（7）制度需要有一定稳定性，不能朝令夕改，制度需要符合团队发展的进程，适当超前但不能过度超前，对于管理某项具体的事物或人和过程来讲，制度有标准高低之分，没有先后之分，合适的制度是实现团队使命的推动力最大的制度。

（8）制度不可能100%堵住团队建设中所有的漏洞，制度不能100%改变人的所有弱性的一面，制度与团队文化需要时刻和谐地处理好；制度是团队文化的重要组成部分。制度的实施离不开团队文化的基础或支柱；反之，不适宜的制度会有损于团队文化建设的。

（9）团队制度建设要兼顾社会性和团队性格。团队具有社会属性，团队的制度要适应和满足国家法律和社会道德的要求，同时也要注意从竞争性的角度设计和体现自己的竞争性风格，展现出团队的性格。

［示例］

销售人员工资待遇及销售提成管理制度

一、目的

强调以业绩为导向，按劳分配为原则，以销售业绩和能力拉升收入水平，充分调动销售积极性，创造更大的业绩。

二、适用范围

本制度适用于公司销售人员。

三、销售人员薪资构成

"基本工资+绩效工资+销售提成"。

四、销售人员薪资计算方式

1. 基本工资+绩效工资（按月计算）

销售人员试用期工资为基本工资加各项补贴。试用期考核合格进入正式工作期限，正式期限将以签订劳动合同之日的时间为准，试用期时间累计到正式入职时间，销售人员转正后享受绩效工资待遇（见表6-2）：

表6-2　销售人员工资计算　　　　　　　　　单位：元

级别	基本工资	绩效工资	餐补+交通补贴+电话补贴+全勤奖	合计
实习销售	2800	0	300+200+100+0	3400
初级销售	3000	500	300+200+100+100	4200
中级销售	3200	800	300+200+100+100	4700
高级销售	3500	1000	300+200+100+100	5200

2. 销售提成

（1）公司销售人员自主挖掘并有效跟进落实的项目，完成移动设备产品的销售或签订项目工程合同的，公司给予提成奖励。标准如下：

1）工程项目或销售利润率在100%以上（含100%），按该工程或销售公司收款的10%进行奖励。

2）工程项目或销售利润率在80%以上（含80%），按该工程或销售公司收款的8%进行奖励。

3）工程项目或销售利润率在60%以上（含60%），按该工程或销售公收款的6%进行奖励。

4）工程项目或销售利润率在40%以上（含40%），按该工程或销售公司收款的4%进行奖励。

5）工程项目或销售利润率在20%以上（含20%），按该工程或销售公司收款的2%进行奖励。

（2）公司销售人员根据公司提供的项目信息进行有效跟进和落实，完成移动设备产品的销售或签订项目工程合同的，公司按上述提成奖励标准的50%给予提成奖励。

（3）提成发放方法：奖金提成分三次发放：

1）合同签订并收到首付款后根据工程项目或销售款发放提成比例的40%。

2）设备交货验收且回款率达到50%，根据工程项目或销售款发放提成比例的50%。

3）收到全部余款后，公司财务部按照该工程项目或销售的最终利润（销售收入（不含税）－工厂成本－销售费用）核算总提成金额，扣除个人所得税和已发放的提成，结算剩余提成并发放。

（4）有效项目信息应涵盖以下内容：项目需求；项目说明；项目核心负责人；规模预算；是否需招投标；项目审批程序；项目时限要求等书面的有效内容。网络等公众媒体公开的项目信息不在此列。

四、如何制定制度

团队制度制定要掌握制定方法与步骤。

（一）团队制度制定方法

借鉴学习法。作为新建团队在借鉴学习其他团队先进的管理制度时，要巧学活用，但绝不等同于生搬硬套的拿来主义。我们要围绕自身团队的实际，学习同行同业先进团队的管理新理念，我们要大胆地解放思想，追求管理创新，彻底摒弃陈旧的管理观念，将所学到的、借到的科学管理理念、方法来统一团队员工的认识，使全体员工的思想观念、工作作风合乎自身团队发展前进的要

求，主动参与管理、配合支持管理。

总结提炼法。任何事物的先进与落后与否都是相对的。作为管理者，应当清晰地认识到，其他团队管理中最好的东西，放在本团队中运用并不一定是最好的，要树立管理中的自信："适合自己的才是最好的"。因此，我们在新建团队初期，就应当结合自身实际和需要，在管理工作实践中，认真审视自己管理工作中的不足和问题，并不断总结、完善、修正来提升管理工作水平，以建立健全真正意义上的科学的现代团队管理制度。

循序渐进法。新建团队的管理制度在管理工作过程中一般是沿着从无到有、从简单到复杂、从困难到容易的顺序进行的，所以循序渐进原则也是管理规律的反应。贯彻循序渐进的管理原则，要求做到：一是制度设计要按照管理的系统工程进行编制，不能想当然地让制度缺失和出现空当；二是从团队管理的实际出发，由低向高，由简到繁，通过日积月累，逐步提高管理制度的针对性和时效性；三是制度要贯彻执行到团队各项工作的每一个环节中去，如行政管理制度、人力资源管理制度、安全生产管理制度、财务制度，等等，做到现代团队管理中责、权、利的有效结合。

(二) 团队制度制定步骤

团队制度制定一般需要六步来完成：一是拟定要制定的制度；二是设计制度制定方案；三是收集和访谈起草制度的原材料；四是按照标准模板起草制度；五是评审制度内容；六是正式发布制度。需要说明的是，在制定制度前，根据前面所学习的团队建设理论，可以把制度建设做一个假定：团队成员构成是需要应用 X 理论还是 Y 理论还是其他，这将决定制度制定的定位，也就是说，如果团队成员是主动性、积极性不强的群体，我们就可以考虑应用 X 理论指导我们制定制度，从人性"恶"的角度尽量规避成员可能出现的问题。

拟定要制定的制度。拟定制度首先需要把新制度应对的问题阐述清楚，管理什么问题是制度的基本价值，是制定制度的最大前提。其次界定制度适用的管理范围，解释清楚制度为谁制定，这个谁决定了制度内容的表述形式。再次是制度拟定的相关法律、上级监管单位的制度依据。最后是明确制定此制度的目的，阐述清楚制度的上下左右对接什么其他现成的制度，制度接口要说明清楚，规范和引导什么业务行为。这些都是对制度的定位，制度定位清楚了，后面的工作就有基础了。

设计制度制定方案。根据制度的定位，就可以确定需要哪些人员参与到编写制度的工作小组中，确定需要到哪些成员去收集管理实践经验和原始素材，明确需要去访谈哪些资深的经验丰富的业务人士，必要时候需要访谈和咨询业务领域的专家。方案还要明确需要收集和访谈的原始材料内容清单，内容清单依据 PDCA 循环，包括被管理业务对象的业务任务发起、计划/策划、实施、完成业务任务、台账、业务统计、监督检查、绩效考核等方面的内容。

收集和访谈起草制度的原材料。依据方案和分工，开始收集起草制度需要的原材料和通过访谈具有丰富实践工作经验的人员获得一手的原材料，这是一个比较细致的工作过程，必须深入了解和访谈，他们可能有非常好的建议和想法。这是实现团队制度是团队最先进的管理经验和管理技术不断固化的结果关键的步骤。这一步的工作质量决定制度的质量。

按照标准模板起草制度。目前主要有两种制度标准模板起草制度：一种是章节文本式的，另一种是流程图表式的。但是不管哪种制度表现形式，制度都是由"1＋6"要素构成，即制度"1＋6"要素。即任何一项业务工作或者管理工作都可以分解成"1＋6"要素。"1"代表特定管理目标（KPI），"6"分别代表实现"1"考核管理目标需要实施的工作步骤、工作主体、工作任务、工作标准、工作方法和工作记录。也就是说，对准特定目标，要完成任何一项业务工作或者管理工作，其基本的标准流程都是由这六部分组成，即完成这项工作要经历几个实施步骤？每个步骤的责任主体是谁？每个步骤的具体工作任务是什么？要达到的标准（如时间标准、质量标准和审核标准等）是什么？以及使用什么样的工作方法（如工作依据、工作组织形式、工作技巧注意事项禁止行为等）和需要留下的工作记录痕迹。

评审制度内容。按照制度标准模板拟定好新制度后，就可以交全体团队成员进行内容上的适宜性评审。

正式发布制度。根据评审意见修改后，即可以正式发布制度，并对制度适用范围进行宣贯培训，督促执行，根据执行中的存在问题持续改进。

任务

各团队讨论决定各自的管理架构和管理制度，以解决目前存在的问题。

在电脑上完成后，经检查后，先完成先下课！（建议分工完成，再集体讨论修改）

极端惩罚授权：团队有开除成员的权力。

评价标准：

（1）具有问题解决的针对性；

（2）具有实施的可操作性；

（3）具有制度设计的完备性，即覆盖团队管理的各方面。

第七章　团队绩效考核

绩效考核不能保证每个人都从中获益，但可以保证更多好的员工从中获益。

——来自网络

导语：在团队管理制度制定中，有一项重要的制度就是绩效考核制度。该制度是所有制度中最关键、最核心的。因为在团队建设中，一个重要的问题就是如何调动每一个成员的积极性。从管理的角度看，激发与调动人的积极性的有效方法之一就是进行绩效管理。但是，对于如何制定绩效管理制度，是有许多的技巧与方法的。因此，从一般管理角度探讨如何设计团队绩效考核体系，就是本章需要解决的问题。

学习目标

● 了解什么是绩效考核。
● 掌握制定绩效考核方法。

任务

自学本章内容，以自己在团队中的岗位或角色为对象，设计一个绩效考核的方案。

评价标准

● 考核指标完备，充分体现岗位职责；

● 考核可操作性，能够达成考核目标；

● 考核方案要素齐全，考核主体、考核客体、指标权重、考核周期设计合理。

第一节　什么是团队考核

团队考核实际上是指团队绩效考核。绩效是指成员在工作岗位上的工作行为表现与工作结果。绩效应当包括两个部分：行为绩效与任务目标下的结果绩效。行为绩效与结果绩效的区分在任何组织形式内都适用，当然同样也适用于团队。但在讨论团队绩效的时候还应当充分考虑团队的特性、团队组建的特定目标等。团队绩效考核，就是对团队完成其职责和对工作结果的考评，是对其工作贡献程度的衡量和评价，直接体现出各个团队的价值大小，是绩效考核的核心内容。考核团队绩效时，首先应当考虑团队对组织的贡献，即团队整体绩效，如大学某研究所对大学的贡献程度；另外，为了反映团队成员的内部公平，还应当考察个人对团队的贡献，即团队成员绩效。

一、团队考核内容

团队考核应该包括以下三方面的内容：

1. 团队成员考核

这主要是强调对团队成员的考核，其通过内部考核和外部考核两方面来实现。其中，外部考核主要由与团队相关者的评价、其他部门人员的评价和领导的评价构成。由于时间、成本等因素，外部评价不可能频繁进行，也难以做到全面、公正。因此，对个人考核，在很大程度上靠团队内部成员的相互评价和自我评价。团队考核的实施，对团队成员的素质、考评技能的培训、团队成员的相互尊重、信息传递的公开性等方面应有一定的要求。例如，本课程各位学员的成绩获得，实际上就是对各位学员个人的考核。按照我们的考核设计，就充分体现了考核的本质要求：外部评价有老师、其他同学的投票，内部评价有依据团队自己制定的考核制度评选优秀成员，等等。

如没有特别说明，下面的介绍主要是针对团队成员的考核进行探讨。

2. 团队绩效考评

整个团队工作效果怎样？也必须经由内部考核和外部考核而评价。内部考核是团队成员对本团队的工作进行一个全面系统的评价，这也是总结经验的过程；外部对团队成绩的评价包括：团队相关者的评价、其他团队的评价、领导的评价。比如，我们这个课程对大家各个团队的评价，就有老师的评价，也有大家参与投票的评价，最后获得的总成绩就是评价结果。对团队总体成绩的考核之后，需确立一个个人的成果与团队成果挂钩的方法，或者采用分摊的方法，或者论功行赏，再就是集体奖励等。比如，我们课程学习考核的成绩获得，就是建立在团队成绩基础上的个人贡献，即团队成绩好，个人才会成绩好。

3. 团队考核要突出团队在组织中的作用

团队是整个组织中的一部分，其对整个团队的影响作用可由团队中其他主体进行考核。比如，我们的各个团队是在整个课程学习班里面的一部分，促进各个团队的学习，就是提升我们整个课程班的学习效果。对各个团队进行评价，也是对团队整体的一种评价方式，评估的重心并非对团队本身的工作考核，而是评价其对整个团队的作用和整体中的表现等。

要注意的是，实施团队考核，目的是对工作进行总结，奖优罚劣，对工作进行阶段性调整，以确保团队工作始终朝着一个正确的方向迈进；对先进的工作方式进行激励，以改善整个团队的运作方式，积极鼓励团队成员的成长和进步；对前期的工作失误进行经验分析、修正纪律，为管理决策提供数据支持；通过考核，调动成员的积极性和工作责任感，等等。但是，考核制度制定不当，不仅起不到上述作用，反而会产生反作用，并直接危及团队的生存和发展。团队的绩效考核应是全方位的，应尽可能做到全面、公正、科学。建立的考核制度，要有利于通过制度化来明确考评措施，最大限度地避开人的非理性因素。

二、绩效考核的作用

追求优秀的绩效是任何团队存在与发展的重要目标。随着竞争的日益激烈，现代团队更加强调发挥团队作用。绩效考核的目的是最大限度地发挥团队潜力，建立群体共识，快速响应环境需求，提升团队绩效。从一般性来说，其作用有：

（1）作为晋升、解雇和调整岗位的依据。这会着重在能力和能力发挥、工作表现上进行考核；

（2）作为确定工资、奖励依据。这会着重在结果绩效上考核；

（3）作为潜能开发和教育培训依据。这需要着重在工作能力和能力适应程度考核上；

（4）作为调整人事政策、激励措施的依据，促进上下级的沟通，这主要体现在考核结果反馈时；

（5）考核结果供部门制订工作计划和决策时参考；

（6）建立适当有效的绩效考核体系，能够为员工提供及时的工作反馈，使其扬长避短，改善绩效，发展技能与素质。

第二节　制定团队绩效考核制度会存在哪些问题

伴随着世界科技、经济的不断变化发展，各种团队面临着更为巨大的竞争压力，建立科学的绩效考核体系，提高核心竞争力已成为许多团队的当务之急。团队绩效考核应把握哪些问题？如究竟团队应当建立什么样的绩效考核体系？我们的绩效考核体系应当考评哪些人员，应当怎样进行考核？考核的周期怎样确定，考核的内容及其权重又是怎样分配呢？等等。

试图在团队成立时就建立一个一劳永逸、大而全的团队绩效考核体系是不现实的。因为，团队里的工作团队有不同形式，不同的团队领导者管理风格也各不相同，而每种工作团队和每种领导者的管理风格都会对绩效考核提出不同的要求。所以，在现实中我们看到更多的是失败的团队。

制定团队绩效考核制度会存在哪些问题？一般来说，主要存在于考核主体、考核客体、考核内容与结果反馈等方面，具体如下：

一、考核内容从哪里来？

要建立有效的考核体系，我们应从以下六个方面寻找考核体系方案：

（1）团队成员间的有效沟通；

（2）团队的共同目标有确立的共识；

（3）团队成员的分工；

（4）团队的凝聚力；

（5）团队的激励（奖惩）制度；

（6）团队领导者的作用。

二、绩效考核体系设计时会存在哪些问题？

制定团队绩效考核体系时，一般会遇到如下一些问题：

（1）团队绩效考核体系问题。比如，是应该考核团队还是考核团队中的个人？考核是关注结果和行为？考核还是关注能力和技能？对团队和团队中的个人应该采用统一标准还是差别标准？谁应该提供有关绩效考核方面的信息，是其他团队成员还是其他相关者？

（2）团队领导者的管理素质和能力问题。绩效考核对管理者提出了新的挑战：怎样评价团队领导者的绩效？团队领导者的决策将如何影响整个团队的绩效？错误的指挥将给团队绩效带来怎样的危害？

（3）绩效考核过程中存在误区。比如，团队绩效管理与团队定位与目标实施相脱节；绩效考核仅仅被视为一种专业技术；绩效考核的核心目的不明确；绩效考核仅仅是某些部门或个人的责任；试图用一套指标对所有成员产生牵引作用；绩效管理成为奖金分配的手段，造成的结果是追求短期效益，忽视长期绩效；忽视成员的参与；侧重单个部门的考核，不注重从团队整体绩效进行衡量；指标数据往往来源于绩效结果，在时间上略为滞后，损害团队长期发展潜力；侧重对时间结果的事后考核，不能对团队的业务流程进行实时评价分析和前馈控制；注重团队内部的考核，而不重视团队与外部利益相关者的关系，等等。

三、在设计有效的团队绩效考核体系时要注意把握什么？

（1）进行绩效考核时，考核的客体是团队成员、整个团队还是团队领导者？如果仅仅对团队中的成员个体进行考核，则很容易忽视优秀团队的互动和协同效应；如果仅仅考核团队的结果或行为和能力的话，由于个体的能力没有得到认同，因此很有可能造成团队中懒散现象出现，即个体由于参与团队工作而使其在团队的工作效率比自己单独工作时的效率大大降低；如果仅仅对团队领导者进行考核，则会忽视整个团队的力量和团队中各个成员的贡献。

（2）绩效考核时的数据来源是单向还是多向？目前很多人都认为360度绩效评估所提供的信息最具有效性。如根据最新调查，在《财富》排出的全球1000家大公司中，超过90%的公司在职业开发和绩效考核过程中应用了360度绩效考核体系系统。然而，自20世纪90年代以来，360度绩效评估也不断地遭到来自不同方面的批评。是否对所有类型的团队进行绩效考核时都要遵守同样数据来源的信息？

（3）究竟考核什么，是结果、行为还是能力？一般的绩效考核都是考核结果的。然而不论是哪种绩效考核都强调的是特定工作的具体要求。仅仅考核团队领导成员和领导者的任务绩效（即关注服务的质量、数量等），而对成员的周边绩效，如作为一个优秀的团队公民，团队过程的不断改进、职业生涯中的个人自我发展以及持续学习等，以及团队绩效和团队领导者的工作绩效关注得比较少，如在团队领导者指挥下解决问题和冲突处理过程中的团队相互配合、公开沟通、目标设定，以及绩效考核中团队成员之间的合作等。如果要使整个绩效考核导向具有战略性，仅仅考核结果是不行的，还应该注重对行为和能力等的考核。并且要注意考核的结果、行为和能力等与团队定位和发展目标一致。

（4）考核的操作过程如何？谁参与考核以及如何具体考核？这个问题直接影响成员对绩效考核是否公平的信任度。很多时候，我们必须让成员参与，应争取团队高层领导的支持、争取各管理部门的支持和理解，把他们发展成为考核体系的参与制定者和支持维护者，让绩效考核观念深入人心，并成为团队发展必不可少的一项战略措施。

（5）绩效考核体系设计过程中的伦理道德问题。整个绩效考核体系的设计还应该注重有关伦理和道德问题，避免发生伦理道德方面的冲突事件等。比如，在收集信息数据时，是否具有作假行为，是否具有冒犯他人隐私行为等。

第三节　如何设计团队绩效考核体系

团队考核体系主要是指团队绩效考核的内容，即从哪些方面对团队成员进行考核。

一、团队绩效考核体系设计原则

团队绩效考核体系的建立必须要考虑：不同的团队有不同的团队文化；团队在不同的发展阶段需要不同的体系。一套完善的绩效管理机制应当是能够针对不同对象采取个性化的绩效管理方式。团队要根据员工在团队中承担的责任不同或者工作的性质对成员进行区别对待，设计分层分类的绩效管理体系。

二、绩效目标的建立流程

绩效目标的建立，必须以团队定位和目标为导向，因为绩效考核作为团队价值评价的工具，只有坚持目标导向，才能真正成为推动团队成长的引擎。

（一）KPI 是实现团队绩效考核的手段

团队绩效考核的目标导向，一般通过 KPI 制度来实现。KPI，即关键绩效指标（Key Performance Indicators），指那些足以反映考核对象的本质特征和行为的指标，是指团队目标决策经过层层分解产生的可操作性的战术目标，是宏观战略决策执行效果的检测指针。它通过目标层层分解的方法使各级目标（包括团队目标和个人目标）不会偏离团队总目标。作为当前绩效考核的一种实用工具，使 KPI 可以更好地衡量团队绩效以及团队中个体的贡献，起到很好的价值评价和行为导向的作用。一般来说，KPI 考核指标指的是从哪些方面来对绩效进行考核，而考核标准指的是在各个指标上分别应该达到什么样的水平。

基于 KPI 的团队绩效考核的思路是，依据团队的定位与目标和团队的需求来确定团队的考核目标，据此确定团队整体绩效和团队个体绩效的考核维度，并分配不同的权重，然后进行各个维度下的 KPI 解析，根据 SMART 原则确定每个维度下的 KPI 以及考核的标准，即具体的（Specific）、可衡量的（Measurable）、可实现的（Achievable）、现实的（Realistic）以及有时限的（Time-bound）。不同的团队 KPI 是不一样的。这取决于要考核什么样的团队，如果是销售团队，可以考核其销售额、净利润、市场占有率等；如果是运营团队，要考核其经营指标和风险指标，一般经营指标有净利润、利润率、销售额、投资回报率等，风险指标包括库存、应收等；生产型团队可考核人均效率。总之，所有考核的指标都是围绕一个团队的主营业务和主要职责。

（二）团队绩效考核 KPI 确定方法

建立战略导向的 KPI 体系，确定关键绩效指标的方法可以是标杆基准法、成功关键分析法和策略目标分解法。有兴趣的学员可以自己去寻找资料了解一下。

下面介绍一下 KPI 的基本类型及其确定方法。

通常来说，KPI 主要有四种类型：数量、质量、成本和时限。在建立团队绩效考核 KPI 时，首先可以试图回答这样一些问题：

（1）一般来说，当试图考核团队绩效时，什么才是团队应当关心的呢？

是数量、质量、成本，还是时限？

（2）如何才能测量数量、质量、成本和时限？

（3）能否对一个数字或百分比实施追踪？如果某项绩效不能用数字表达，只能由人来进行评判，那么谁能对该绩效是否令人满意做出判断？做出判断的人要了解的是哪些因素？

其次，把具体的指标写下来。如果该考核指标是定量的，就应列出要跟踪的数量单位；如果该考核指标是定性的，就应明确由谁来做评判以及要评估的指标。对于量化的KPI，设定的考核标准通常是一个范围；而对于定性的KPI，设定考核标准时往往从相关者的角度出发，需要回答如"考核者期望被考核者做到什么程度"。

（三）团队绩效考核 KPI 确定步骤

1. 团队绩效考核维度的确定

团队整体绩效考核维度的确定，可以从行为和结果两个方面，根据团队目标和团队类型的不同来确定。团队行为绩效主要考核的是内部团队动力，具体考核会议有效性、群体沟通、一致决策等。而团队结果绩效则主要考核团队工作结果或产出，具体考核团队完成任务的数量，相关者的满意度，工作完成的时效性等，如表 7-1 所示。

表 7-1　团队绩效的考核维度

贡献	行为绩效	结果绩效
团队整体绩效	会议有效性，群体沟通，一致决策，战略实现的支撑度	完成任务质量，相关者满意度，工作完成时效性
团队个体绩效	参加会议程度，承担相应责任程度，参与团队交流程度，为其他成员提供帮助，达成战略目标的程度	个体任务完成时间和质量，为团队提供的有效建议，为团队做出贡献大小等

在确定团队整体绩效考核的维度时，因为团队目标和类型的不同，在团队行为和结果绩效的考核上各有侧重，考核维度也应有不同程度的倾斜。

2. 团队个体绩效考核维度的确定

考核团队绩效时，首先应当考虑团队对团队的贡献，即团队整体绩效；另外，为了反映团队成员的内部公平，还应当考察个人对团队的贡献，即团队个体绩效。在团队绩效考核时仅仅强调其中某个层面的考核都有一定的缺陷。如果过分强调个体绩效，会导致团队内部的过度竞争，影响团队整体的战斗力，甚至牺牲团队利益。如果过分强调团队整体绩效，忽视个体绩效，则很难确定个体在团队中所起的作用，尤其当绩效测评与个人的奖惩措施相联系时，容易造成内部的不公，从而影响团队凝聚力。另外，也容易造成某些成员"搭便车"的现象，影响团队整体绩效，进而影响团队战略目标的顺利实现。因此，我们要在团队背景下充分考虑团队成员个人对团队的贡献，以提高团队动力。个体绩效考核的维度同样也是从个体行为绩效和个体结果绩效两个角度出发。

团队个体行为绩效，主要考核个体参与团队活动的情况。重点考核团队成员参加团队会议的程度、主动承担团队任务的程度、和其他成员进行建设性交流的程度、为其他成员提供帮助的情况等。团队个体结果绩效，主要考核个体完成团队任务的结果。重点考核个体完成分配任务的时间和质量、为团队提供有效建议的情况、提供给团队数据的精确程度等，如表7-1所示。

在一个团队中，每个团队成员都承担相应的角色，每一个角色的任务要求有很大的区别。因此，在考核个体行为绩效和结果绩效时，应当在团队绩效目标的指导下，结合个体的角色要求，分别确定团队成员可以影响和控制的团队绩效维度，并将这些维度细化。如团队成员的角色可以分为这样几种：报告建议者、发明革新者、开拓促进者、评估开发者、团队推进者、总结和生产者、控制和检验者、支持维护者等。每个角色所要求的个人知识和能力结构不同，因此在分工上和绩效考核中的要求也不同。

在实际操作中，可以利用角色—业绩矩阵来确定团队成员为确保团队目标的实现所必须做出的业绩。此矩阵明确了团队成员在为团队做贡献时所扮演的角色。在7-2表中，每个方格内是团队成员为了支持团队绩效而必须创造的个体绩效，如表7-2所示。

3. 各种绩效考核维度的权重的确定

权重指某一因素或指标相对于某一事物的重要程度，其不同于一般的比重，体现的不仅仅是某一因素或指标所占的百分比，强调的是因素或指标的相

表 7 - 2 角色—业绩矩阵

团队绩效 团队成员	团队绩效维度 1	团队绩效维度 2	团队绩效维度 3	团队绩效维度 4
团队成员 A	个体绩效			个体绩效
团队成员 B		个体绩效		
团队成员 C			个体绩效	

对重要程度，倾向于贡献度或重要性。分配各项考核维度的权重，可以按照以下步骤进行：

第一步，确定 100% 的权重中，团队整体绩效和团队个体绩效所占的比例。

第二步，把所有团队整体权重在团队整体绩效考核维度内进行分配，把所有个体权重在个体绩效考核维度内进行分配。

第三步，分配权重时，注意关键的指标分配的权重高。权重通常以 5% 为增量。

第四步，权重分配完成以后应重新回顾，确保能反映团队对各项考核维度相对重要性的看法。

在分配权重的过程中，一般可以这样做：

（1）维度的权重一般为 5% ~ 30% ，最重要的赋予最高的权重 30% ，最次要的赋予最低的 5% 。

（2）重要性相同的维度要分配相同的权重。

（3）权重一般是 5 的倍数。

（4）所有权重加总为 100% 。

当然，权重可通过划分多个层次指标进行判断和计算，常用的方法包括层次分析法、模糊法、模糊层次分析法和专家评价法等。

［示例］某团队领导者绩效指标的制定流程

某团队领导者绩效指标制定就是依照下面的流程进行自上而下的绩效管理和绩效目标设计的。

表 7-3　某团队领导者绩效指标的制定流程

团队中领导者的绩效目标就是其领导团队的目标
团队战略目标和经营重点
1. 团队 KPI（一级 KPI 体系）
团队领导人绩效指标
2. 部门 KPI（二级 KPI，来源于部门职责和对一级 KPI 的分解）
部门负责人的绩效指标
团队成员绩效指标的确定
团队战略目标和经营重点
团队一级 KPI
部门二级 KPI
3. 个人 KPI
个人行为指标
职业化行为要求（行为标准和任职资格）
岗位 KPI 的确定：具体到一个岗位的 KPI 主要是由部门目标分解得出的，分解过程要同岗位应负责任、工作模块结合在一起
部门目标
岗位工作模块
各种具体指标

注：团队内部的各个职能部门等于不同的团队，各个职能部门经理等于不同的团队领导者。

三、绩效考核制度的建立

团队绩效考核既要考核团队整体绩效，也要考核团队个体绩效；既要强调行为绩效，也要重视结果绩效。通过考核，就可以详细地描述、评价和诊断团队的绩效，从而制定具体措施来纠正偏差，改进团队成员个体以及团队的整体绩效。

在实施过程中要注意，定期对 KPI 进行评估，审核所确定的这些关键绩效指标是否能全面地、客观地和方便地反映团队的绩效，并且要及时反馈 KPI 的评估结果。

四、注意事项

在绩效考核的实施过程中要注意，创建 KPI 并不是工作的全部，更重要的是如何将 KPI 很好地运用，使 KPI 能真正反映团队的绩效，促进团队的绩效管理，使团队能切实帮助实现团队的战略目标。具体注意以下四点：

（一）考核程序方面

考核程序上一般自下而上，层层逐级考核，也可单项进行；制定的考核方案要有可操作性，是客观的、可靠的和公平的，不能掺入考核者个人好恶；考核要有一定的透明度，不能搞"暗箱操作"，甚至制造神秘感、紧张感；提倡考核结果用不同方式与被评者见面，使之心服口服、诚心接受，并允许其申诉或解释；大部分考核活动应属于日常工作中，不要过于繁复地冲击正常工作秩序，更反对无实效的走过场、搞形式主义。

（二）考评对象方面

本书探讨的考核体系将对两大块进行考核，首先是团队（即部门）考核，团队考核将主要考核团队的过程指标和结果指标，具体的考核方法将使用目标管理，所有的指标必须尽量量化，可以用数字进行表示，并用分数的形式进行考核得分，考核将以全年考核贯穿全年，结合年终考核。其次是个人部分，主要考核团队领导者（团队高层管理者和中层管理者）。对团队的高、中、低层成员均应进行考核。当然，不同级别员工考核要求和重点不同。

（三）考核周期

分为定期考核（每周、旬、月度、季度、半年、年度）和不定期考核。可根据团队的特点、考核对象以及考核目的来确定，按照多方面因素综合考虑：一般来说，中层管理人员实行季度考核结合年终考核；高层管理人员实行年终考核。

（四）考核内容方面

团队 KPI 不是一成不变的。团队 KPI 是对团队战略目标分解后取得的，它是团队内部分级目标的体现。当团队阶段性目标和工作重点发生变化时，KPI 也要相应地做出调整，以此保证不偏离上一级目标。

团队成员个体 KPI 应反映个体对团队的贡献。团队成员的个体 KPI 并不一定是从团队 KPI 下直接分解而得，有时它更多的是根据角色要求岗位特点并结合团队目标来设定。但是它一定要能够反映出个体对团队的贡献，从而更好地促进团队建设，提高团队绩效。

团队 KPI 要有助于绩效改进。绩效考核仅仅是绩效管理的其中一个环节。对于团队来说，通过合理有效的绩效考核，获得团队和个体的认同，更希望能够借此促进团队绩效的改进。通过 KPI，团队及其成员可以清楚地知道团队希望他们做什么，怎么做，要做到何种程度。以此来约束自己的行为，并对不符合希望的地方加以改进。

KPI 指标的确定需要沟通。在为团队成员确定 KPI 时，团队领导者和成员之间需要良好的沟通，明确 KPI 的具体含义和要求。让员工积极参与 KPI 的建立，使 KPI 达到可控的目标，并且更为实际有效，同时也能提高员工的积极性。

第四节　如何实施团队绩效考核工作

团队绩效考核工作实施要经历如下阶段：团队绩效计划制订、团队绩效辅导沟通、团队绩效考核评价、团队绩效结果应用、团队绩效目标提升等，这是一个持续循环过程，其目的是持续提升个人、团队的绩效。

一、绩效计划制订阶段

本阶段是绩效考核的起点，是绩效考核最为重要的环节。参与和承诺是制订绩效计划的前提。本阶段的任务是：确定团队和团队成员的绩效目标，约定团队和团队成员成功的标准。制定绩效目标的流程：

（1）明确团队总体战略和目标。

（2）根据团队与成员战略和目标，制订团队年度工作计划及团队主要 KPI

指标。

（3）分解总体目标，制订团队阶段性目标和阶段性工作计划。

（4）根据年度工作计划和阶段性工作计划，结合岗位职责分析、岗位工作说明书，制订团队领导者和团队成员的个人绩效目标、KPI 指标（主要指标及权重考虑）、评价标准和个人发展计划。

（5）签订绩效契约。这种契约涵盖的范围比一般商业契约要广，以结果为导向，不是一种"秋后算账"的、单纯关注结果的契约，它对团队达成结果的过程进行了控制。这种契约是一种伙伴之间的协议，一般包括以下四个要素：

1）彼此预期的结果，包括目标与达到目标的时限。

2）达到目标的原则、方针和行为的限度。

3）可供团队使用的人力、物力、技术或团队资源。

4）针对考评结果定奖赏。

二、绩效辅导阶段

本阶段是绩效考核中耗时最长、最关键的中间环节，是体现领导者和成员共同完成绩效目标的关键，这个过程的好坏直接影响着绩效考核的成败。绩效辅导阶段的主要工作有：持续有效的绩效沟通、数据的收集和记录，团队领导者对团队成员进行绩效辅导，确保个人目标与团队目标保持一致。这个阶段也是团队领导为团队成员提供及时的工作反馈，使其扬长避短，改善绩效，发展技能与素质的重要沟通过程。

在本阶段，持续有效的沟通对领导者意义重大。领导者通过沟通帮助团队成员提升能力；了解团队成员的工作情况，掌握团队成员工作进展信息，针对性地提供资源和辅导；能客观公正地评价团队成员的工作绩效；提高考核工作的有效性，提高团队成员对绩效考核、对与之相关的激励机制的满意度；同时及时调整目标，制定新的目标。

绩效辅导对团队成员的意义在于：有助于发现上一阶段工作的不足，确定下一阶段的改进点；以有效沟通为基础的绩效考评是双方共同解决问题的一个机会，是团队成员参与管理的一种形式；通过及时有效的沟通，让团队成员采纳是工作管理的一种形式；通过及时有效的沟通，让团队成员对自己的绩效得到及时、客观和准确的反馈，是下一步绩效改进的工作起点。

三、绩效考核阶段

没有最好的绩效考核工具，只有最适合本团队实际的工具。考核时要注意：依据计划阶段确定的目标和标准，依据辅导阶段数据的收集和记录，结合团队成员的具体工作特征、工作性质、团队文化、管理思想等，避免走入评估中的误区。

为了使绩效考核达到公平和公正，必须尽可能地对这些绩效指标进行量化，而明确并量化绩效考核指标是一项极具挑战性的工作。这就需要注意以下事项：

首先，应明确团队的责任和义务。依据赋予各团队的权利和职责，明确团队的职能以及团队内各岗位的分析、说明，从而为团队绩效提供定量和定性的衡量标准。

其次，要采用多元化指标来衡量团队绩效，可以使用以下五类指标：

（1）效益型指标，判断团队成员在多大程度上作了正确的事，如销售收入。

（2）效率性指标，指团队成员为获得其效益型指标所付出的成本，如利润率。

（3）递延型指标，指该团队成员的任务交付物及团队运作对投资者未来发展的影响程度。这是一个面向未来的指标，如顾客满意度。

（4）风险型指标，判断风险因子的数量和对团队成员及团队任务交付物的危害程度的指标。

（5）惩罚性指标，是运作过程判断，如质量标准执行情况。

最后，把握好绩效指标量化。

（1）能反映各团队成员之间的关系，注重相互间的利益相关性。

（2）定性衡量和定量衡量相结合，内部评价和外部评价相结合，并注意相互间的协调。

对企业团队来说，外部是指客户审核，供应商、利益相关者（总部审核—投资方）和社会公众等；内部是指内部审核，内部联系等。单个团队的成功必须依赖于其他团队的成功。有时候，外部评价比内部评价更重要。

（3）对某个特定绩效指标的维持与改进不应以牺牲其他任何指标为代价，否则，任何绩效指标都是无法接受的。要给不同的绩效指标以合理的权重，具体到各职能团队的侧重点不同。应重视对学习创新、团队长期利益和长远发展潜力的评价。

四、绩效评估结果反馈与面谈阶段

通过面谈，确定绩效改进计划。本阶段的主要任务是：团队领导者与团队成员之间就团队成员的绩效结果进行分析和评价，团队领导就团队绩效目标的完成情况进行讨论和评价，让被评价者了解主管对自己工作绩效的看法，认识到自己的成就和优点，并指出被评价者有待改进的方面，并与被评价者共同确定下一绩效周期的绩效目标和改进点。

五、绩效评估结果的应用

绩效评估结果的应用可用于团队成员报酬的分配和调整、职位的变动、培训教育、激活沉淀和绩效发展计划。

第五节　团队领导者绩效考核体系设计

团队绩效考核是一个系统工作。其中，对团队领导的考核是重点和难点。因此，本节就专门来探讨这一问题。团队领导者绩效考核体系的设计原则、流程、评价体系的建立和绩效考核体系的阶段性工作与团队绩效考核体系的部分内容相同，这里不再重述。下面主要就团队领导者在绩效体系中的职责、作用、特质和关键考核指标的设计等具体方面做详细论述，帮助学员进一步了解绩效考核制度制定。

一、对团队领导者进行绩效考核重要性

人们都有一个根深蒂固的概念，即愿意寻找并追随一个领袖人物。一方面，领袖的魅力、预见力和洞察力可以将团队带向成功；另一方面，对领袖人物的崇拜可能也会带来团队灾难性的后果。领导者是如此的重要，我们在团队设计中必须认真思考这一角色的重要性。在绩效考核中，团队领导到底应履行什么样的职责呢？

首先，团队领导的高度重视和支持是首要条件。他们应担当如下角色：是氛围制造者，要通过各种方式，在团队中营造一个实施绩效考核的良好氛围；是绩效考核工作在人力、物力、财力上投入的资源支持者；是制度设计师，在绩效考核与团队战略和价值观直接相关时，在评价指标设计和评价权重的确定方面，都需要团队领导进行取舍，做出决策；是制度的推行者，对于确定的绩效管理制度，应该身体力行地予以推动。

其次，团队领导者在成员绩效管理中的表现直接会影响员工的态度和做法。他们应充当以下重要角色：宣传员角色；是基础信息的提供者；是成员绩效的评价者；同时作为团队的一员，是他们的被评价者。

二、领导绩效考核应该关注的领导者特质

领导特质也可以称为领导素质、领导品质、领导性格，都是关心领导者的品质和特性。20世纪早期的领导理论研究者认为，领导的特质与生俱来，只有天生具有领导特质的人才有可能成为领导者。它强调领导者自身一定数量的、独特的，并且能与他人区别开来的品质与特质对领导有效性的影响。一般来说，团队领导特质包括：

（1）发现团队未来和发展团队未来的能力；

（2）团队领导者应将团队成员视为资产——知识资产；

（3）领导者要做真正的团队改革领导人；

（4）领导者应是善于学习行业以外知识的人；

（5）领导者应提高团队领导技能，要进行合理的分工。

三、团队领导者的绩效评价标准

在对团队领导者进行绩效考核时，一般需要关注如下几方面的要求：

（1）是否能够科学地爱才惜才用才；

（2）是否能够对团队成员与团队工作严格要求，规范管理；

（3）是否对团队目标明确，安排任务是否清晰合理；

（4）是否尊重团队成员注重沟通；是否重视创新；是否对团队满怀期望；是否愿意分享知识；是否具有团队观念；是否给予成员成功的感觉；是否能够为团队提供资源，培训成员，辅助团队成员进行职业生涯规划；是否具有责任心，等等。

四、团队领导者的考核内容和考核方法

（一）团队领导者考核内容

根据上文阐述，一般来说，对团队领导者的考核内容主要有：

（1）领导能力。作为团队管理人员，必须具备优秀的领导能力。

（2）做正确的事，必须追求效力。

（3）领导必须以身作则、以诚相待，追求公平合理。

（4）领导是否能够经常给予成员必要的帮助，是否足够了解自己的下属。

（5）计划性，作为管理人员，工作中的决策往往是战略性的，因此，在实施之前必须要有周密的计划；预见性，计划的实施难免会遇到一些困难和阻力，管理者在制订计划之前必须对此有充分的考虑，甚至应该进行"沙盘模拟"。

（6）危机处理的能力。当今世界，充满竞争与复杂性，团队发展的经常要面临危机，是否有危机管理能力，是一个领导者的重要素质。

（7）管理能力。管理者的工作就是以对团队的管理为主，无论是人力资源管理还是财务管理等，都在一定程度上依赖于管理者的管理能力。

（8）创新能力。团队在考核中会不断遇到各种各样的问题，作为管理者，必须要有很强的创新能力，不断寻求更好、更新的方法去解决这些问题，突破团队发展的瓶颈。

（9）沟通和协调能力。管理者由于职位的缘故，将会非常多地接触到团队与团队、员工与员工之间的一些矛盾；一些成员也会寻求与管理者进行沟通交流，解决自己的实际问题；另外，团队管理者与上一级团队决策者的沟通对于自己团队或团队的发展也有重要的意义。

（10）人才培养能力。人才是一个团队长盛不衰的最重要因素，作为团队管理者，应当注重培养更多的人才，人才是团队未来的希望。要努力控制团队人才的流失率。

（二）团队领导者的绩效考核方法

（1）年度业绩考核，考核小组统计领导团队的月度目标实现情况，并最终汇总出年终业绩指标。

（2）团队领导者的考核一般使用360度考核法，由团队领导者的上下级、同事，以及利益相关者进行考评。团队领导者的考核将每年年终进行一次，但同时每月都将对其工作和任务完成情况进行统计，作为考核成绩保留。

（3）在对团队领导者进行360度绩效考核的同时，还可以由团队专门的考核小组对团队领导者进行另外的考核，会同其他团队精英以及外聘专家。考核结果将由其他人员进行统计汇总，以保证考核工作的公平、公正。

（4）团队领导者的最终考核得分将由上述两种考核得分汇总后得出。

［示例］

下面以某公司人力资源/行政团队为例，设计该团队领导者的绩效考核评价表（见表7-4）：

五、总结

团队和团队领导者的绩效体系建立完成之后，必须要赢得团队领导者和团队成员的关注与认可，团队成员要充分理解他们的测评系统；确保团队绩效测评的目的是问题的解决，从而提高团队的工作业绩。

表7-4　团队领导者绩效考核评价

第一部分：基本信息

姓名：　　　职务：　　　部门：　　　期间：

第二部分：工作目标

团队主要工作目标

序号	目标名称	KPI	标准	权重（%）	重点事项记录	评价结果				
						1	2	3	4	5

第二部分：个人目标

序号	目标名称	KPI	标准	权重（%）	绩效考核部分					
					重点事项记录	评价结果				
						1	2	3	4	5

第三部分：能力要求

序号	达到目标所需能力	职务要求水平	自我评估	主管评估	评分标准
					5. 优秀
					4. 充分
					3. 一般
					2. 略微不足
					1. 不足

第四部分：下一年度团队/团队领导者发展计划

需要提高的能力	提高途径	具体行动	反馈记录

第五部分：绩效改进计划

序号	目前状况	改进原因	期望水平	资源	改进完成时间

员工签名/日期：	团队主管签名/日期：

　　团队领导考核是一个系统而持续的交流过程，该过程由团队的其利益相关者之间达成的绩效关系来保证完成。团队领导者绩效考核的理想效果是：该团

队的利益相关者均认为对团队领导的评价是公平合理的。要达到这个效果，绝不仅仅是绩效目标、绩效标准等方法所能涵盖的。事实上，无论是考核体系还是各种考核方法，都没有优劣之分，每个团队领导的特点不同，各种考核方法和内容也都不尽相同。最重要的是要适合团队的需求，即适合的才是最好的。

第八章　团队执行

"确定目标不是主要的问题，你如何实现目标和如何坚定不移地执行计划才是决定性的问题。"

——德鲁克

导语：团队建设过程中，有了制度，有了领导，有了清晰的定位与目标，也进行了明确的分工，制订了可行的团队计划，是不是就可以打造高效团队了呢？不一定。关键还要看团队的执行。因此，了解什么是执行，什么是执行力，为什么没有执行力，怎么才能提升执行力，就是本章需要解决的问题。

学习目标

- 了解什么是执行和执行力。
- 理解团队缺乏执行力的原因。
- 掌握提升执行力的方法。

提问抢答

掌握了我们前面所学的知识，就可以建设好一个团队了吗？为什么？（限3人）

根据回答的问题酌情给所在团队加1~3分。（其中，与执行力有联系的回答记3分）

第一节 什么是团队执行力

一、执行与执行力

在这个充满竞争的世界里，有的人成就辉煌，有的人庸庸碌碌。一个重要的原因就是，优秀者更有实现梦想的能力。无论是个人还是团队，其最核心的能力之一，就是执行力。

要了解团队执行力，先要了解什么是执行，什么是执行力。

"执行"有两层意思，原意是贯彻施行；实际履行等。从管理角度看，一种与"规划"相对应，指的是对规划的实施，其前提是已经有了规划；另一种指的是完成某种困难的事情或变革，它不以已有的规划为前提。

执行力就是在既定的战略和拥有愿景的前提下，团队对内外部可利用的资源进行综合协调，制定出可行性的战略，并通过有效执行的措施从而最终实现团队目标、达成团队愿景的一种能力。它是把团队战略、规划、目标转化成为效益、成果的关键。执行力包含完成任务的意愿，完成任务的能力，完成任务的程度。执行力是一个与执行人相关的变量，不同的执行者在执行同一件事情的时候也会得到不同的结果；执行力不但因人而异，而且还会因时因环境不同而变。如果要想解决执行力的若干问题，就必须先剖析影响执行的根源，然后再找其方法，这样解决问题自然就会变得清楚些、容易些。由此，从团队的角度来讲，我们对执行力可以这样理解：执行力就是连接目标和结果的"那一环"，是将团队的长期战略一步步落到实处的能力。执行力既反映了团队的整体素质，也反映出管理者的角色定位。管理者的角色不仅仅是制定策略和下达命令，更重要的是必须具备执行力。执行力的关键在于通过制度、体系、文化等规范及引导成员的行为。领导者如何培养成员的执行力，是团队总体执行力提升的关键。因此，判断一个团队的执行力如何，即看这个团队能否保质保量地实现既定战略目标。简单地说，执行力就是行动力。

二、执行力要素

一般来说，好的执行力需要把握如下要素：

一是明确的目标/任务：完善的实施计划，告诉成员工作任务是什么，为什么要这样做。

二是完善的培训：对任务要有深刻的认识，只有深入地了解任务，才能领会任务，提高完成任务的能力。

三是岗位职责描述：给每个人一个做事的标准，每一条标准都可以量化工作任务，任务要达到什么样的效果。

四是跟进/控制：在任务执行过程中可以及时发现问题，及时帮助成员解决问题，同时进行管理约束。

五是激励执行者：对于活动执行效果好的成员，要有一定的激励，多元化的激励，如精神和物质并行。

三、个人执行力与团队执行力

执行力分为个人执行力和团队执行力。对个人而言，执行力就是办事能力，工作能力；对团队而言，执行力就是齐心协力的战斗力。

个人执行力是指每个人把上级的命令和想法变成行动，把行动变成结果，从而保质保量完成任务的能力。个人执行力是指一个人获取结果的行动能力。例如：总裁的个人执行力主要表现在战略决策能力；高层管理人员的个人执行力主要表现在团队管控能力；中层管理人员的个人执行力主要表现在工作指标的实现能力。个人执行力取决于其本人是否有良好的工作方式与习惯，是否熟练掌握管人与管事的相关管理工具，是否有正确的工作思路与方法，是否具有执行力的管理风格与性格特质等。因此，从个人的角度来讲，执行力就是"行动力"，就是每个员工在每个阶段都做到一丝不苟，从而最终不折不扣地完成任务。所以，可以这么说，对个人而言，没有执行力就没有行动力，一切梦想、设想、构想、理想，统统都只能是臆想和空想！没有执行力，将一事无成。

团队执行力就是将战略与决策转化为实施结果的能力，就是当上级下达指令或要求后，迅速做出反应，将其贯彻或者执行下去的能力。许多成功的团队也对此做出过自己的定义。通用公司前任总裁韦尔奇先生认为，所谓团队执行力就是"团队奖惩制度的严格实施"。而中国著名企业家柳传志先生认为，团队执行力就是"用合适的人，干合适的事"。团队执行力是一项系统工程，可以把一个团队的战略决策持续转化成结果的满意度、精确度、速度，它表现出来的就是整个团队的战斗力、竞争力和凝聚力。

综上所述，团队执行力就是当上级下达指令或要求后，迅速做出反应，将其贯彻或者执行下去的能力。通过以上对执行、执行力、个人执行力与团队执行力的介绍，我们可以得到表8－1，以进一步弄清楚其关系。

表8－1   执行、执行力、个人执行力与团队执行力区别

类别	个人	团队
执行	即"行动"，指把想法变成行动；把行动变成结果。保质保量完成任务，不折不扣得到结果	指"贯彻、实施"，即将战略落实到实处
执行力	即"行动力"，就是指把想干的事干成功的能力，注重细节、保质保量、按时完成任务的能力	指贯彻战略意图，完成预订目标的能力

第二节   团队为何没有执行力

一、团队缺乏执行力的原因

一个好的团队组成需要有四大因素，包括：人，即队伍；形，即结构；势，即士气；精神，即团队文化。

对应以上四点，一个缺乏团队执行力的团队一般会暴露出四大类问题：

　　队伍问题：成员缺乏贯彻执行的能力。其实，执行力归根结底在于人，团队要提升自我的整体执行力，就必须先找到拥有执行能力的人。成员是达到有效执行的最终端的实现者。

　　这是因为人员优势的特性是少有的，且是独特的，竞争对手往往难以仿效，也无从取代，是一种非常强大的竞争优势。可以说，优秀的执行人员，就是完成任务的一把"万能钥匙"。

　　其表现有：成员不知道为何要执行，也就是没有统一的目标；成员不知道为谁执行，不明白为谁而做，不知道什么时候执行，什么时候开始去执行，不知道被要求执行的任务是什么，或者说不知道怎么执行，如执行的方法缺失，怎么去做，也不知道执行的标准是什么，什么才是做好了，什么样才算是完成任务。甚至有时候由于领导跟进不到位，监督不到位，不知道自己缺乏执行的能力，也就是说，有可能是任务分解不明确。

　　结构问题：执行结构过于复杂，不适合贯彻执行命令。每个团队都有它的核心成员，用通俗的话来说，就是其领导者。领导班子结构既不可过于简单也不可以过于复杂，它需要根据整个团队的人数以及需要执行任务的难度而定。如果一个团队人数偏少、任务偏易，而执行结构却又偏复杂时，往往导致团队的指令不能及时执行与贯彻下去。而相反，如果一个团队人数偏多、任务偏难，可是执行结构却过于简单的话，往往导致下级在执行任务的时候目的性不明确且任务过于繁重。由此可见，要作为一个具有高执行力团队的领导者，必须掌握结构复杂或简易的度。

　　士气问题：成员缺乏贯彻执行的原动力，或者成员贯彻执行时态度不端正。其表现有成员不知道执行的利益（好处）是什么，也就是不明白其执行的价值与意义；团队缺乏明确的奋斗目标或奋斗理念。

　　团队文化问题：没有形成强有力的执行文化，也就没有了严格执行的工作氛围。执行力文化就是把"执行力"作为所有行为的最高准则和终极目标的文化，其关键在于通过团队文化塑造和影响团队所有员工的行为，不断持续提升团队的执行力。团队执行力文化的魅力，就在于能通过无形中的渗透力和感染力，影响团队全体员工的行为，引导执行者向一致的目标努力。因此，团队领导者最大的任务之一，就是塑造团队的执行力文化。古人云："己身不正，虽令不行"；"上梁不正下梁歪"。如果领导者在工作中宽以待己，严于律人。自己没有做好表率，何以服人？这样怎能带出有执行力的团队？像以上的类似情况在团队里时常都会发生，作为团队管理领导者应该经常去分析团队为什么会执行不力的原因。不要总是说团队很笨，执行力非常差，怎么教也不会。认真分析其为何执行不力的原因到底是出自何处而不是整天去说团队没有执行力。领导的指导力并不等于执行力。

执行力文化还包括制度、流程等方面。没有相应的管理制度、工作流程，或出台的制度、流程不够严谨，过于烦琐，不利于执行；团队不知道不去执行的后果是什么，不去完成将会有何惩罚。如果做不到奖惩分明，是很难取得实质性效果的。因此，团队目标的实现，关键在于团队要有一个奖惩分明的激励机制；缺乏监督和考核，团队就会缺乏动力。IBM 有一位总裁讲过两句话，第一句说员工不会做你希望他做的，只会做你检查的。第二句说如果你强调什么就会去检查什么，你不检查就等于不重视。即使是监督了、检查了，如果对执行力优秀的员工没有奖励，对执行力低下的员工没有处罚，那即使监督检查了又有什么用呢？这样，成员在执行过程中就无法做到"有章可循，有法可依，有流程可走，有利益可期"。这样，执行力就难以能高。

总之，执行力不高的团队一般有如下现象：层级不清、多头指挥、分工不明、职责不清、利益不公、缺乏监督检查机制。

[材料]

中国团队执行力低下的表现症状：

5%的人：看不出是在工作，而是在制造矛盾，无事必生非——破坏性地做。

10%的人：正在等待着什么——不想做。

20%的人：正在为增加麻烦而工作——"蛮做""盲做""胡做"。

10%的人：由于没有做对，所以没有做出贡献——在做，而是负效劳动。

40%的人：正在按照低效的标准或方法工作——想做，而不会正确有效地做。

15%的人：属于正常范围，但绩效仍然不高——做不好，做事不到位。

二、个人执行力缺失的原因

没有上进心，自我要求标准低。没有追求，没有上进心的人，对自己的要求标准低。做事蜻蜓点水，遇到困难就掉头。这样的成员很难有很强的执行力。

意志不坚定，缺乏毅力，不能吃苦。不能吃苦，没有毅力，没有坚决完成任务的坚强信念，遇到困难时往往选择逃避。而不是勇敢面对、积极寻找方法或者寻求帮助。

拖延，缺乏行动。"最消磨意志、最摧毁创造力的事情，莫过于拥有梦想而不开始行动"。拖延不会让事情凭空消失，只会使普通的事情变成紧急的事情。拖延消磨了意志，使人丧失进取心。一旦开始遇事推脱，就很容易再次拖延，直到变成一种根深蒂固的习惯。拖延，只能让他人领先。任何憧憬、理想和计划，都会在拖延中落空。

优柔寡断、不敢决策。如同马云说的一样，很多人晚上想想千条路，早上起来走原路！如果优柔寡断，不敢决策，则会白白失去许多机会。

不能自动自发。一个人仅仅会做还是远远不够的，还要有工作意愿（动机），即要自动自发。所谓的自动自发不是一个口号一个动作，而是要充分发挥主观能动性与责任心，在接受工作后应尽一切努力与想尽一切办法把工作做好。初次听来，这似乎只是一条普通的定义，但细细品读后，到反而觉得它更像一种面对人生的态度。现在的我们，生活在高速发展的现代社会，每时每刻都会接受一些新的挑战和挫折。其实，人的一生不可能永远一帆风顺，总会经历一些小风小浪。在这些小风小浪面前，有人退却了，就这么平庸一生，甚或开始怨天尤人；当然，也有人在同样的环境中脱颖而出，成为强人或名人。其实，这一切的一切，就在于那一念之差。而所谓的一念之差，其实就是一种态度。面对生活，面对工作，面对人生的态度。仔细想来，"自动自发"就是一种可以帮助你扫平一切挫折的积极健康的人生态度。

不能全力投入。全力投入工作的热忱不仅仅是成功者成功的要素，也是每个人获得成功的要素。没有对工作的热忱，就无法全身心投入工作，就无法坚持到底，对成功也就少了一份执着；有了对工作的热忱，在执行中就不会斤斤计较得失，不会吝啬付出和奉献，不会缺乏创造力。

不能注重细节。应把做好工作当成义不容辞的责任，而非负担，要认真对待、注重细节，来不得半点马虎及虚假；做工作的意义在于把事情做对，而不是做五成、六成的低工作标准，甚至到最后完全走形而面目全非，应以较高的、大家认同和满意的标准来要求自己。看不到细节，或者不把细节当回事的人，对工作缺乏认真的态度，对事情只能是敷衍了事。这种人无法把工作当作一种乐趣，而只是当作一种不得不受的苦役，因而在工作中缺乏工作热情。他们只能永远做别人分配给他们做的工作，甚至即便这样也不能把事情做好。而考虑到细节、注重细节的人，不仅认真对待工作，将小事做细，而且注重在做事的细节中找到机会，从而使自己走上成功之路。

第三节　如何提高执行力

由于团队是一群不同专业、经验及背景的人，为了共同的目标而组合在一起的。每个人都要承担起一定的责任。团队不是合唱团，不能出现一个南郭先生，否则整个团队就会出现不和谐的音符。团队也是靠流程来运作的，个体都是这个流程环节上不可或缺的一个节点，如果某个人没有按照事先定义的流程来做的话，整个流程执行的效果就会打折扣。因此，团队执行力与个人执行力都需要提高。

一、提升团队执行力的基础

团队执行力要提高，是需要建立在一定基础上的，也就是团队需要有明确的责任，合理的授权，强调速度，重视合作和有效的投入。

明确责任。责任是成员职业素养、工作能力、态度、工作目标等方面的明确。不同的团队有不同的团队文化，不同的团队文化给团队发展带来不同的影响。没有明确责任的团队是一个人人是领导的团队，大家都守在团队却很难往一个方向使劲，因为成员不知道自己的责任，也没有人指导成员怎么做，这样的团队就会出现各做各的，大家干活不少，但团队整体业绩不理想。

授权合理。授权是上级工作向下级的垂直分解。合理授权是明确责任分工的基础。一个有序发展的团队一定是一个有着合理授权的团队。

强调速度。执行力首要的是速度：执行力要求快速的行动，因为速度已经成为决定成败的关键因素之一。

重视合作。执行力以部门和团队协作为基础：团队精神不仅仅是对员工的要求，更应该是对领导者的要求，团队合作对领导者的最终成功起着举足轻重的作用。

有效投入。在执行过程中，需要又快又好的结果导向，因此在强调执行的速度的同时，执行的责任心、工作热情等投入程度也是执行力的动力和保证。

二、团队执行力提升方法

团队执行力是个太大的话题。简而言之，就是在一个共同的团队目标引导下，管理好每个人的能力、动力和压力，也就是要分享共同的愿景（共同目标），做好培训教育（能力和动力），实施绩效管理（动力和压力），实时监控反馈（压力）。当然，团队文化的建设是必不可少的。

［资料］执行到位十大步骤

中旭商学院院长郭鹏提出了系统执行力——执行到位十大步骤：

步骤一：制定战略规划——解决团队发展方向迷茫，向心力不足问题。

步骤二：设计团队结构——解决岗位不清，分工不明的问题。

步骤三：编制岗位说明——解决职责不明，考核无据的问题。

步骤四：梳理管理流程——解决部门各自为政，不相配合的问题。

步骤五：制定目标体系——解决效率不高，工作被动的问题。

步骤六：考核员工绩效——解决工作无结果，分配不公平问题。

步骤七：设计薪酬激励——解决工资"大锅饭"，工作不积极问题。

步骤八：建设文化制度——解决团队无章可循，无法可依的问题。

步骤九：打造人才梯队——解决人员素质不高，能力不足的问题。

步骤十：管控措施到位——解决执行不力，推诿扯皮的问题。

如何加强团队的执行力，我们可以分五个步骤来进行：

（一）建立共同的目标

高明的团队领导者善于用目标去引导，并能让团队成员对实现自己的子目标做出承诺。即围绕团队整体战略框架，建立共同的团队目标，并通过有效途径，使团队成员能为了共同的目标承担责任一起奋斗。有了统一的目标，团队成员就有了共同的努力方向，有利于团队执行力的提升。相反，团队就会失衡，从而使团队的执行力大大降低。团队目标和个人目标协调一致才能打造最强的团队执行力。如果个人目标跟团队目标背离，个人目标之间也互相背离，则团队是一盘散沙，形不成合力，即使是个人能力最强的一帮人，也不可能有很强的团队执行力。

团队执行力设定目标时应更多地考虑团队的不足之处。木桶原理告诉我们：木桶盛多少水，是由最短的一块木板决定的。同样，一个链条所能承受的力度，是由最弱的一环决定的。有一些团队曾经依靠打造一块最长的板子而获得极大提升，但往往因为短板太多而不能持久。个人目标设定相反，应该是尽量发挥自身的优势，把优势快速放大，并坚持不懈慢慢弥补个人短板，是取得巨大成功的主要路径。打造团队执行力最难的一点，可能就是融合团队目标和个人目标。领导者一般是通过分享愿景使团队目标与个人目标趋于一致；通过情感文化的建设来强化团结意识，并推动团队向同一个目标改进；通过绩效管理理顺团队目标和个人目标关系，并把目标固化、量化，使团队和个人的奋斗前景更清晰；通过有效的人才引进和淘汰，让合适的人加入团队，并让目标不能与团队指向一致的人淘汰出团队。

（二）发挥领导者的引领和带动作用

领导，是团队的领航者。团队的领导通过履行好职能来提升团队执行力。通过制订计划，定义团队的目标，制定目标分解体系；通过组织，设计好团队结构的职责；加强指挥，安排好团队成员的工作任务，制定工作完成时效和步骤；加强沟通协调，优化团队成员间相互关系，防止内部员工关系的恶化；通过控制，监控团队的绩效，并纠正团队可能出现的偏差。

当然，团队领导在提升执行力的过程中，要注意把握好授权与集中的平衡、管理的宽与严的平衡。在授权与集中的平衡的把握上，过于集中，事事经过领导者，不利于团队成员工作主动性的发挥和个人成长；过于授权，可能导致工作出现偏差，团队成员比较辛苦，而管理者会给人以不够敬业的表象，导致管理者影响力的降低。

（三）培养团队成员的执行力

工作是大家去完成的。如何培养团队员工的执行力呢？

第一，加强指导。通过指导，让成员知道本人需要做些什么，以及工作的标准和寻求的效果。只有掌握了这些，成员才会晓得做什么，如何做，才会思想上引起重视，追求执行的速度，落实的力度，以及完成任务的效度。通过指导也可以提高成员的悟性，帮助他们鉴戒他人的成功教训，触类旁通，少走弯路，少犯过错。

第二，提高规划能力。工作千头万绪，如何保证按时完成？这就要掌握工作的轻重缓急，要科学计划，合理筹划，掌握症结。科学的方案，明确各项工作的主次和时间限度，便于进行合理兼顾，实现有效管理，提高工作效力。打算，保证员工明确工作的进度和标准，及时对自己的工作进行总结和调剂。

第三，培养受权能力。对领导来说，受权是授权的结果，是领导智力和能力的延长，可以集中精神做主要的事；对员工来说，是受权，是提高责任感、实现价值的有效方法。因此，执行力强的团队，都善于授权受权，这样可以调动每个成员的积极性和义务感，加强团队的凝集力。

第四，树立危机意识。团队所有人不仅要看到现在，还要看到将来，要看到暗藏的问题和机会。团队所有人要有危机感，才能看到机会，抓住机会，掌握机会，才能看到隐忧和危机，才可能防患于未然，有充分的时光和精力去应对危机。

第五，培养创新能力。一味地守旧，缺少创新，没有跟上时代的步伐，便容易掉队被淘汰。因此，要敢于创新，要尽力创新。

（四）创建团队执行力文化

团队的执行力，不仅取决于团队领导和员工的执行力，还取决于团队所建立的执行氛围和环境。只有有良好的执行文化，才能保障团队及个人的执行力。

首先，加强团队内部的沟通。通过沟通，可以促进彼此间的交流，实现技巧和能力的互补；可以统一思想，增进合作和配合；可以互相帮助，反馈执行，有效地发挥团队的作用，提升团队执行力。

其次，注重人岗匹配。人的差异性是客观存在的，每个人的才能和兴趣不是完全相同的，所合适的岗位和工作也是有差别的。这就需要把握每个人的能力和特长，对团队成员进行合理、公道的配置。既不能"牛鼎烹鸡"，也不能"小马拉大车"，要做到"人尽其才"。这样才能充分发挥每个人的能力和兴致，施展各自的专长，调动工作热忱和积极性，实现个人价值。

再次，强调执行速度。在剧烈竞争的社会，速度决定成败。机会人人都能看见，反映的速度、执行的速度决定了是否捉住机遇，掌握机会。因而，执行，就是要坚定信心，绝不迟疑，疾速行动。

最后，鼓舞团队士气。鼓舞团队士气最重要的是要从语言、行为、心态等方面在团队营造激励向上氛围。团队的领导者要发自内心地把团队成员当作"家人"来对待，多些表扬和鼓励，少些埋怨和批评。领导员工重视和谐，既能提高员工解决问题的能力，培养员工的沟通能力，又能实现员工思想的统一，促进团队成员间相互懂得，严密配合。个人的执行力，只有树立在团队执行力的基本上，才有存在的意义和价值。个人的执行力再强，没有强有力的团队执行力，也将失去意义，也无法实现团队目标。打造团队执行力的目标，是每个人都能自发自动地工作！团队士气，对团队执行力的强弱有很大的影响。有了团队士气，才能统一员工的思想，增强团队的凝聚力，为实现团队目标奠定基础。引入竞争，也是提升士气的有效方式，通过竞争能激发活力，调动热情和积极性，发掘潜能，提高团队的能力，实现团队与成员的共同发展。

（五）制定有效的管理制度

制度对于团队管理而言具有重要的意义。团队需要建立有效的制度体系。

一是要制定具有权威性、科学性、可操作性的规章制度，使团队内每个员工都明确自己的岗位职责和工作标准，通过制度整合团队目标、团队和人力资源等要素，杜绝推诿、扯皮等不良现象。二是要维护管理制度的严肃性。作为团队的领导者，既要有制定好制度的权力，更要有执行不遵守制度甚至破坏制度的能力。三是要加强制度执行的监督。对执行进程的督查，既能促使团队从思想上给予看重，强化执行，又能增进团队内部的交换和沟通，明确掌握工作进度和工作标准。监督的过程，既是抓落实、讲实效的过程，又是促进沟通、统一思想的过程。

三、个人执行力提升方法

根据影响个人执行力的原因，个人提升执行力需要做好如下事情。

树立正确的行动理念。执行是一个持续的过程。在这个过程中，执行理念影响执行态度，执行态度决定执行结果。因此，需要树立正确的科学的执行理念。那就是：执行开始前，要决心第一，成败第二；执行过程中，要速度第一，完美第二；执行结束后，要结果第一，理由第二。

让目标激发行动的斗志。目标是个人执行力和团队执行力的共同点，同时也是核心要素。树立一个符合 SMART 原则的目标，然后把所有的资源、时间、精力都放在有利于目标达成的活动和项目中，是执行力的基础。做好个人的任务完成规划，制订阶段化的目标和切实可行的计划，并严格要求自己，提高自己的工作能力，提振自己的工作态度。通过目标的牵引和危机感的推促，激发完成目标的斗志与信心。

培养持之以恒的品质。持之以恒需要意志与毅力。持之以恒就是自律、自我约束，是一种化短暂安逸为长远目标的追求，不达目标不罢休的能力。持之以恒的培养，一方面要注意张弛有度，总是在焦虑中工作反而会增加持之以恒的困顿，比如过度用功学习的人由于学习效果不佳更难以保持良好的学习状态；另一方面要远离负面诱惑，爱玩电脑游戏的，最好把游戏从电脑中卸载掉，在减肥的，最好保持冰箱空空如也。此外，要做好目标锁定，"咬定青山不放松"。一个人可以选择许多路，但不能同时走两条路，对机会成本的拿不起放不下也是销蚀意志力的重要原因。曾仕强说："我们要了解，一个人如果没有做大事的打算就算了，既然要做大事，就要面对困难和挫折。挫折越严重，你更明白要做大事的人，必须要面对常人所不能承受的困难。这样不断激励自己。才能取得成功。"因此，遇到困难或挫折，要有"啃下硬骨头"的勇气和决心，绝不要轻易放弃！

给自己马上办的理由。晏子说："为者常成，行者常至"。行动未必带来好的结果，但不行动就永远不会有结果。行动，撬动梦想。说一尺、不如做一寸，想一丈、不如做一尺，任何事都立刻去做的人，才是容易成功的人。什么事情不怕自己不懂，只怕自己不做，边做边学，总会有成绩的。因此，要做行动的巨人。要懂得进行时间管理。时间管理的基本原则是要事第一，所谓要事就是对目标最有促进作用的事项。时间管理需要紧盯目标而不至于陷入琐细，这就需要自己给自己若干马上办的理由，可以促使自己立即行动起来。

养成当机立断的习惯。许多人存在拖拖拉拉的毛病，不愿意立即行动，许多时候是没有养成当机立断的习惯，决策不果敢造成的；不能马上决策的事情，也要马上许多进行调查研究，寻找对策，而不能无所作为。哥伦布说："即使决定是错误的，那我们也可以通过执行来把事情做对，而不是再回头讨论。"如果我们总是希望能把事情考虑周全以后再行动，这固然没错，但这也是瞻前顾后、犹豫不决的体现。我们做事需要当机立断。一旦犹豫不决的时候，我们便会畏缩。畏缩就无法前进，就会失去很多机会，就会影响执行力，降低执行力。

[材料]

21 天效应

21 天效应，正在被越来越多的人应用于自我改造。

在行为心理学中，人们把一个人的新习惯或新理念的形成并得以巩固至少需要 21 天的现象，也就是说，一个人的动作或想法，如果重复 21 天就会变成一个习惯性的动作或想法，称为"21 天效应"。

21 天效应的理论基础来源于一位整形医学专家马尔茨博士。他发现对于截肢患者来说，手术后的头 21 天中，他们往往不适应已经失去的身体部分，经常仍然能"感觉到"它的存在。而 21 天后，他们就不再无意识地要去"使用"它了，已经习惯了他们截肢后的状态。

经过大量现实事例的验证，绝大多数人可以用 21 天的时间打破或养成一种习惯。虽然过程可能经过了充满信心的开始，让人精疲力竭的坚持期，难熬的过渡期，但最终可以有志者事竟成。

我国成功学专家易发久研究，习惯的形成大致分为三个阶段：

第一阶段：1~7 天。此阶段表现为"刻意，不自然"，需要十分刻意地提醒自己。因为你一不留意，你的坏情绪、坏毛病就会浮出水面，让你又回到从前。你在提醒自己、要求自己的同时，也许会感到很不自然、很不舒服，然而，这种"不自然、不舒服"是正常的。

第二阶段：7~21 天。此阶段表现为"刻意，自然"，但还需要意识控制。经过一周的刻意要求，你已经觉得比较自然、比较舒服了，但你不可大意，一不留神，你的坏情绪、坏毛病还会再来破坏你，让你回到从前。因此，你还要刻意提醒自己，要求自己。

第三阶段：21~90 天。此阶段表现为"不经意，自然"，无须意识控制。这一阶段是习惯的稳定期，它会使新习惯成为你生命的一部分。在这个阶段，你已经不必刻意要求自己，它已经像你抬手看表一样的自然了。

那么为什么会发生 21 天效应呢？影响它的因素有哪些？据研究发现，影响 21 天效应的主要因素有如下几方面：

一是旧习惯、旧理念对新习惯、新理念形成的干扰。旧习惯、旧理念越是巩固，新习惯、新理念的形成就越容易受到干扰。可见，一个新理念或新习惯的形成需要 21 天（或重复 21 次），是与旧习惯、旧理念的干扰有密切关系的。

二是理念与习惯的形成需要一个过程。例如，美国凯尔曼（1961）的研究，习惯的形成也需经过三个阶段：

第一阶段，顺从。即表面接纳新理念或开始新习惯，在外显行为上表现出尽量与新的要求一样，而在实质上未发生任何变化。

第二阶段，认同。认同是在心理中主动接纳新理念、新习惯的影响，比顺从更深入一层，因此，此时意识成分更加浓厚，不再是被动的、无奈的，而是主动地、有意识地加以变化。

第三阶段，内化。此时新理念、新习惯已完全融入自身之中，无任何不适之处，已彻底发挥新理念、新习惯的作用。

三是新理念、新习惯的形成需要不断地重复，即使简单的不断重复也是十分有效的。21 天效应并不是说，一个新理念、新习惯只要经过 21 天便可形成，而是 21 天中这一新理念或新习惯要不断地重复才能产生效应。好习惯，坏习惯，均是如此。

想根据"21 天效应"坚持一个好习惯、好思维，你不妨试试以下方法：

（1）让自己清楚地了解到新习惯带来的好处，因为主动接受远远比被动压力下接受来得更有动力。

（2）把培养习惯当作一次尝试，而非一个心理斗争。这将有助于集中对待，随时调整和正确对待结果。

（3）远离危险区。远离那些可能再次触发你旧习惯的地方。

（4）用更好的东西替代你失去的东西，例如你戒掉了烟，虽然你失去了香烟的享受，但是你却得到了无价的健康。

（5）将计划写在纸上，并告诉你的亲戚和朋友，给自己一种压力。

（6）保持简单。建立习惯的要求只需要几条就可以了，保持简单，从而更容易坚持。

（7）一步一步地做起，不要指望一次就全部改变。

（8）坚持这个习惯 21 天。

成功，就是简单的事情反复地做。不成功，往往不是做不到，而是不愿意去做那些简单而重复的事情。

所以，只要你开始做，并一天一天地坚持下去，你就会取得意料之外的效果。

任务

各团队检查自己制定的制度的执行情况，分别找出执行效果不好的制度有哪些，分析执行不力的原因有哪些，并提出解决的办法。

评价标准：

（1）敢于面对执行不力，是团队的集体认识；

（2）参考以前任务完成情况（各队成绩）；

（3）分析制度执行不力原因中肯、到位；

（4）提出解决执行不力的办法有针对性。

第九章　团队协作

用对方法才有效率，做对事情才有效果。麻烦是自己处理不当的结果；困难是自己学习不够的反射；挫折是自己努力不足的代价。建立团队能力的核心是员工的沟通能力，沟通能力强，员工的团队意识也强，团队中的摩擦和办公室政治越少。沟通能力强还表现在团队的高效性上，高效的团队才能产生高效的效率和效果。少一些摩擦，多一些润滑，沟通从现在开始。

——来自网络

导语： 通过前面的学习，团队尽管有了目标，进行了准确的定位，进行了明确的分工，各成员有了明确的职责，团队领导也非常优秀及各成员也有很强的执行力，是不是就可以成为高效团队了呢？不一定。还需要团队成员有密切的协作。因此，本章主要了解团队协作的重要性，了解影响团队协作的因素，介绍提升团队协作能力的方法。

学习目标

- 了解团队协作的重要性。
- 了解团队协作的障碍因素。
- 掌握团队协作的方法。

讨论

分析所在团队协作状况及其原因，并提出团队协作的方法。

讨论时间：30 分钟。

各小组派代表用 3 分钟时间阐述所在组的讨论结果（请大家做好相关记录，作为投票的依据；同时，必须做到公平公正地投票）。

结合下面的学习内容的应用情况，各队投票评选优秀小组。根据得票多少，分别评选出优秀、良好、合格团队，分别给予 5 分、4 分、3 分。

第一节　团队为什么需要协作

团队协作这个话题涉及这几个概念：协作、团队协作、团队协作能力。我们有必要先了解一下。

一般来说，协作是指团队成员之间通过合理分工，明确自己的岗位职责，发挥各自所长，通过密切配合、互补互助以达到团队最大产出。协作有时候也可以称为合作。团队协作是指团队在实现目标的过程中表现出来的自愿合作和协同努力的状态。团队协作也是一种为达到既定目标所显现出来的资源共享和协同合作的精神，它可以调动团队成员的所有资源与才智，并且会自动地驱除所有消极、不和谐、不公正现象，使团队产生一股强大而持久的力量。团队协作能力是指建立在团队基础之上，发挥团队精神、互补互助以达到团队最大工作效率的能力。对于团队的成员来说，不仅要有个人能力，更需要有在不同的位置上各尽所能、与其他成员协调合作的能力。例如，篮球队的比赛，就需要队员的通力协作，才能取得比赛的胜利。

团队协作可以说是团队的本质。没有协作就不是团队；没有协作能力就缺乏参加团队的必要。团队协作的重要性主要体现在以下四个方面：

一是有利于提高团队整体效能。通过发扬团队协作精神，加强团队协作建设能进一步消除内耗。如果总是把时间花在怎样界定责任，应该找谁处理，让成员团团转，这样就会减弱团队成员的战斗力，损伤团队的凝聚力。

二是有助于团队目标的实现。团队目标的实现需要每一个员工的努力，具有团队协作精神的团队十分尊重成员的个性，重视成员的不同想法，激发团队成员的潜能，真正使每一个成员参与到团队工作中，风险共担，利益共享，相互配合，从而有效完成团队目标。

三是有利于团队焕发更大力量。"三个臭皮匠，顶一个诸葛亮"。人是各种资源中唯一具有能动性的资源。团队的发展必须合理配置人力、财力、物力，而调动人的积极性和创造性是资源配置的核心，团队协作的重要内容是将人的智慧、力量、经验等资源进行合理的调动，使之产生最大的规模效益，即我们常说的"$1+1>2$"效果。

四是可以激发团队成员的热情和动力。每个人都有实现人生价值的欲望，并且希望得到别人的尊重。当团队协作开始时，对于每个成员的要求还是很高的，一人的失利都有可能导致整个团队的失败。因此，为了提高团队的整体能力，团队成员可以激发工作热情，用出色的表现来赢得整个团队的认可。这种进取的心理就会促使团队成员积极努力，团队内形成一种正能量，从而推动团队整体素质的发展，促进团队整体进步。

第二节　团队协作的障碍

团队协作不是自发形成的。由于个体的差异，会导致团队协作产生障碍。其中，主要有：

缺乏信任。团队成员缺乏协作，一个重要原因就是缺乏对他人的信任，其具体行为表现有：遇到问题与困难不愿请求其他成员帮忙，也不愿意主动帮助其他同事；不愿意给其他同事提出建设性的意见，"事不关己，高高挂起"，冷漠对待其他成员；喜欢对其他成员做评价，而且结论多是负面的；不愿意学习其他成员的精神、技巧和经验等；不喜欢参加团队会议，尽量减少和团队成员在一起的时间。

惧怕冲突。中国人有传统的"中庸"思想，"老好人"意识，不愿意得罪人，不做出头鸟，不做秀于林之木，是许多人的想法。出现在团队中，就是惧怕冲突。惧怕冲突的具体行为表现有：在会议中，即使有不同的观点也不会提出来；避免讨论容易引起争议的问题，无论这个问题多么重要；不能正确处理团队成员之间的意见和建议；在工作中，怕承担责任，怕得罪人，喜欢追求形式主义，如投票决定。如果团队惧怕冲突，那么团队内部就不会有开放、建设性的思想交锋，达成的"共识"也不能有效地落地。

欠缺投入。卓越的团队不需要领导提醒团队成员竭尽全力工作，因为他们很清楚需要做什么，他们会彼此提醒注意那些无助于成功的行为和活动，而正是这种无欲无求的付出才可以成就团队彼此负责、勇于承担的品质。但是，如果团队出现如下现象，就会阻碍团队协作：团队目标与个人目标不清晰，团队任务很难执行；由于不必要的拖延而错过一些机会，影响工作进程；团队对某个问题进行反复讨论却难以做出决策，或者做出模棱两可的决策，导致执行不下去；团队成员对已经做出的决定反复质疑和斟酌，无法执行下去。

逃避责任。团队成员缺乏责任，就会缺乏团队意识，就不会以主人翁自居，整个团队就会出现"无所谓"文化，导致"走自己的路，让他人去说吧"，或"各人自扫门前雪"等局面，这样，团队协作也就只能是理想了。

无视结果。团队任务完成的结果怎么样大家都很关心，团队成员就会把注意力放在如何完成任务上，而不是相互扯皮或保护自己的"地盘"；如果实现目标的程度怎么样大家都很在乎，团队会觉得，要完成任务必须发挥协作精神，因而也愿意投入更多的时间和精力相互合作。相反，如果团队存在如下行为表现，就会成为团队协作障碍：团队成员只关注自己的利益和得失，忽视集体利益；团队容易失去优秀的员工；整个团队很难取得进步和业绩提升。

［资料］团队协作状况评估：

这份调查表是直接衡量您的团队受五大障碍影响的诊断工具。调查表的最后将告诉您怎样记录结果以及得出结论。

说明：请使用以下计分标准衡量您的团队。

3 分 = 经常　2 分 = 有时　1 分 = 很少

（1）团队成员在讨论事务时非常热烈，且无相互提防的情况。

（2）团队成员相互提醒对方的缺点或不利于工作的行为。

（3）团队成员了解同事所负责的工作，知道该工作对团队集体利益的作用。

（4）当团队成员的言行不当或有损于集体时，他们会马上真诚地承认错误。

（5）团队成员愿意为团队集体的利益牺牲部门或个人的利益。

（6）团队成员敢于公开承认自己的缺点和错误。

（7）团队的会议令人鼓舞而不枯燥。

（8）尽管开始的时候有分歧，但是会议结束时，大家喜欢所有人都能够按时达成的一致意见行动。

（9）如果团队目标不能实现，士气将大受影响。

（10）在会议期间，大家把最重要的也是最棘手的问题拿出来共同讨论。

（11）如果有人被解聘，团队成员都很关注这件事。

（12）团队成员了解彼此的业余生活，而且能够相互攀谈这些内容。

（13）团队成员讨论问题后能够找到明确的解决方案，并且马上开始实施。

（14）团队成员相互监督各自的工作计划和进展。

（15）团队成员不急于得到别人对自己贡献的肯定，但能够很快指出他人的成绩。

计分：

请将您的分数填入表 9－1，它们将与五大障碍相对应：

表 9 - 1　分数统计

第一大障碍 缺乏信任	第二大障碍 惧怕冲突	第三大障碍 欠缺投入	第四大障碍 逃避责任	第五大障碍 无视结果
第 4 题： 第 6 题： 第 12 题：	第 1 题： 第 7 题： 第 10 题：	第 3 题： 第 8 题： 第 13 题：	第 2 题： 第 11 题： 第 14 题：	第 5 题： 第 9 题： 第 15 题：
总分：	总分：	总分：	总分：	总分：

8～9 分说明您所在的团队不存在这些障碍；

6～7 分说明您所在的团队存在这些障碍；

3～5 分说明您所在的团队存在的障碍已经值得关注了。

不论您的团队得了多少分，您要了解每个团队都需要长期不懈的努力，否则，即使最优秀的团队也会退步到充满困扰的境地。

第三节　提升团队协作方法

团队协作不是参照管理学中的管理方法就可实现的，团队要做好下面的工作，才能切实做到团队协作。

建立团队机制。在个人独立工作时，一切工作成本都须由自己负担，因而没有让其他人分担的可能。在同伴协作中，彼此可以进行简单有效的互相监督，因而这方面存在问题的可能性也较小。由此可知，在一个团队中，建立起良好的团队协作关系至关重要。而在处理团队协作问题时，建立起合理完善的团队机制就非常重要了。所谓团队机制，简单地说，即对团队内各成员的分工、合作以及监督等职责的规定，具体反映在建立一系列规章制度的同时并能够有效执行，它着重落实到给团队各成员建立起其在团队内的"身份"。而这种身份事实上即是对其团队职责与作用发挥的反映。一个完善合理的团队机制，其重点是对团队各成员职责的合理划分和规定，即是给团队内各成员都确定一个合理的"团队身份"，如篮球队，就有前卫、后卫、中锋之分。在此基础上，通过履行职责固化"身份"。因此，无论是团队领导者还是成员，都可以找到自己在整个团队中的坐标。

建立信任。要建设一个具有凝聚力并且高效的团队，就需要建立信任感。这意味着一个有凝聚力的、高效的团队成员必须学会自如地、迅速地、心平气和地承认自己的错误、弱点、失败。他们还要乐于认可别人的长处，即使这些长处超过了自己。以人性为基础的信任是不可或缺的，离开它，一个团队则不能产生直率的建设性冲突。

建立良性冲突。一个有团队协作精神的团队是允许良性冲突存在的，要学会识别虚假的和谐，引导和鼓励适当的、建设性的冲突。这是一个杂乱的、费时的过程，但这不可避免的。否则，一个团队建立真正的承诺就是不可能完成的任务。

坚定不移地行动。要成为一个具有凝聚力的团队，还必须学会在没有完善的信息、没有统一的意见时做出决策，并付诸行动。而正因为完善的信息和绝对的一致非常罕见，坚定的行动力就成为一个团队最为关键的行为之一。

彼此负责。卓越的团队不需要领导提醒团队成员竭尽全力工作，因为他们很清楚需要做什么，他们会彼此提醒注意那些无助于成功的行为和活动，而正是这种无怨无悔地付出才造就了他们对彼此负责、勇于承担的品质。

科学分工。如果是一项单人就可以胜任的工作，一般会指派给专人负责。个人独立工作并无分工的问题。在同伴（两人）协作中，彼此则可以通过平等的协商和沟通从而对工作量和工作内容进行有效的分配。而一个大的团队，由于其成员人数较多，因此在工作量与工作内容的分配问题上，显然难以通过彼此的平等协商和沟通而得出一个有效并令众人都满意的方案。即使团队领导可以进行安排与协调，但这本身就需要团队领导懂得怎样进行团队协作。简单地说，没有分工就没有合作。

加强监督。监督作为一种协作手段，其存在的主要原因是由于成本和收益的关系存在。用西方经济学的概念来解释：任何理性的人，都希望以最小的成本来达到最大的收益。反映在一个团队中，即团队中的任何成员都想花费自己最少的精力来完成既定的任务，而他们节约自己工作成本的方式，就是让其他组员承担原本须由自己完成的工作。因此，如果缺乏有效的监督，就会导致有成员偷工减料，实行机会主义，从而使该团队任务彻底失败。

第十章 学习型团队

团队像人一样，应不断进步成长，是一个生命体。团队进步的基本条件是能持续的学习、反思、沟通，有自我批评的承受力和能力，团队中又不断找出自身不足的文化，这是团队成熟和信心的表现。能学习、反思的团队表现了对大目标的深刻理解和执着，也表现了对实现目标的过程的坚韧，特别是有对过程中遇到困难和挫折的应对能力和奋斗精神。在这样的团队中，沟通的速度快，成本低；信任多，抱怨少；团队成员中想到的、说到的、听到的、做到的有高度的统一。

——宁高宁

导语： 通过前面知识的学习，我们可以建立一个高效的团队了。但是，高效的团队是不是可以长久地保持高效呢？不一定。实践表明，只有学习型团队才可以。因此，本章主要了解什么是学习型团队，为什么要建立学习型团队，并介绍学习型团队建设方法。

学习目标

- 了解什么是学习型团队。
- 理解为什么要建立学习型团队。
- 掌握学习型团队建设方法。

讨论

如何将所在团队建设成为学习型团队？

讨论时间：30 分钟。

各小组派代表用 3 分钟时间阐述所在组的讨论结果（请大家做好相关记录，作为投票的依据）。

结合下面的学习内容的应用情况，各队投票评选优秀小组。根据得票多少，分别评选出优秀、良好、合格团队，分别给予 5 分、4 分、3 分（注意：探究解决团队问题是学习型团队建设的核心）。

第一节　什么是学习型团队

知识经济迅速崛起，对团队提出了严峻挑战，现代人工作价值取向的转变，终身教育、可持续发展战略等当代社会主流理念对团队的积极渗透，提出了团队学习的必要性命题。

一、学习型团队内涵

所谓学习型团队，是指在团队目标导向下，通过培养整个团队的学习气氛、充分发挥团队成员的创造性思维能力而建立起来的一种及时解决团队问题、积极向上的有机的可持续发展的团队。学习型团队具有持续学习的能力，具有高于个人绩效总和的综合绩效。

因此，学习型团队具备如下内涵：

团队学习方法——发现、纠错、成长。一般来说，团队学习会普遍存在"学习智障"，这是由于个体思维的差异，难以找到关键的共同要点。因此，如何去除其中的限制因素障碍，获得团队肌体的修复，找到合适的共同成长路径，这需要个体之间不断去学习、探索、磨合，达到互动的效果。个体心理和团队组织机构层面的因素都不是团队学习的关键障碍元素，团队自我修复和学习行动力才是主因。因此，团队学习方法只能在动态的过程里找到。发现、纠错、成长是一个不断循环的过程，也是团队学习的自然动力。

团队学习核心——在团队内部建立"团队思维能力"。学习型团队需要建立团队自我学习的完善路径，实现团队成员在工作中学习，在学习中工作，学习成为团队工作中的重要组成部分。

团队学习精神——学习、思考和创新。团队学习是一种全面的学习、思考和创新，包括团体学习、全员学习，思考是系统、非线性的思考，创新是观念、制度、方法及管理等多方面的更新。

团队学习关键——系统思考。团队只有站在系统的角度认识团队的诸多问题，把握团队的环境，才能避免陷入团队建设与团队目标不相关的事务中去。

团队学习基础——团队学习。团队学习依靠的是一个团队的所有成员，抛出心中的想法，而进入真正一起思考创新的能力。交流辩论是一种方式，是一起思考，能够得出比个人思考更正确、更好的结论；同时，是每个人都试图用自己的观点说服别人同意的过程。

二、学习型团队特征

学习型团队都具有以下四个突出的特征：

不断学习。这是学习型团队的本质特征。所谓"不断学习"，主要有 4 层含义：①全员学习，即团队的决策层、管理层、操作层等都要全心投入学习，尤其是管理决策层，他们是决定团队发展方向和命运的重要阶层，因而更需要学习。②终身学习，即团队中的成员均应养成终身学习的习惯，这样才能形成团队良好的学习氛围，促进其成员在工作中不断学习。③全过程学习，即学习必须贯彻于团队系统运行的整个过程中。管理学家约翰·瑞定认为，任何团队的运行都包括准备、计划、推行 3 个阶段，而学习型团队不应该是先学习然后再进行准备、计划、推行，不要把学习与工作分割开，应该强调边学习边准备、边学习边计划、边学习边推行。④团队学习，即不但重视个人学习和个人智力的开放，更强调团队成员的合作学习与团队智力的开发。

自主管理。学习型团队的自主管理是让团队成员边工作、边学习并使工作和学习紧密结合。通过自主管理，团队成员可以自己发现工作中的问题，自己选择合作伙伴，组成新的小团队，自己选定创新、实现的目标，自己进行目标进程的把握；自己分析原因、自己制定对策、自己实施，自己检查效果，自己评估总结。团队成员在"自主管理"的过程中，能形成共同愿景，能以开放务实的心态互相磨合，不断地学习新知识，不断地进行创新，从而增加团队快速应变、创造未来的能力。

无边界行为。无边界行为是指团队提倡成员在成员之间、团队外的部门之间、地域之间广泛的相互学习，汲取新思想。这种"无边界"的学习，使团队在发现更好的方法和思想上，促使团队发展不断升级。"无边界"就成为通向学习型文化和自我实现的关键一步。为了真正达到"无边界"的理想状态，一般需要减少管理层次，加强团队硬件建设；大力提倡开放性思维；创立广开言路制度，使团队成员参与团队的管理，而且成为团队领导者和成员相互沟通、学习，大大提高工作效率。

成员家庭与事业的平衡。学习型团队努力使成员丰富的家庭生活与充实的工作生活相得益彰。学习型团队对成员承诺并支持每位员工充分地自我发展，而成员也以承诺对团队的发展尽心尽力作为回报。这样，个人与团队的界限将变得模糊，工作与家庭之间的矛盾也将逐渐消失，两者之间的冲突也将大为减少，从而提高员工家庭生活的质量，达到家庭与事业之间的平衡。

三、学习型团队需要具备的要素

要建设学习型团队，就必须具备如下要素：

建立愿景（Building Shared Vision）：愿景可以凝聚团队上下的意志力，通过团队共识，大家努力的方向一致，个人也乐于奉献，为团队目标奋斗。团队要具有实现共同目标的不断增长的动力，重在共同目标导向下不断创新。

团队学习（Team Learning）：团队学习是在一定的团队中为了适应变化，创新发展而进行的团队成员之间相互作用的一种特定的学习活动，通过不断创造、积累和利用知识资源，努力改变或重新设计自身以适应不断变化的内外环境，从而保持可持续竞争优势的过程。能不断地获取知识，在团队内传递知识并不断地创造出新的知识；能不断增强团队自身能力；能带来行为或绩效的改善等是衡量一个团队是否在学习的条件。

团队智慧应大于个人智慧的平均值，以做出正确的团队决策，通过集体思考和分析，找出个人弱点，强化团队向心力，并且拥有终身学习的理念和机制，重在形成终身学习的步骤。这需要形成学习共享与互动的团队氛围，重在团队文化建设。

改变心智（Improve Mental Models）：团队的障碍，多来自个人的旧思维，如固执己见、本位主义，唯有通过团队学习，以及标杆学习，才能改变心智模式，有所创新。

自我超越（Personal Mastery）：个人有意愿投入工作，有精益求精的工匠精神，有不屈不挠的自我实现价值追求，个人与团队愿景之间有种黏性合力，就是自我超越的来源。工作学习化使成员活化生命意义，重在激发人的潜能，提升人生价值。

系统思考（System Thinking）：团队可以通过资讯收集，掌握事件的全貌，以避免见树不见林，培养综观全局的思考能力，看清楚问题的本质，有助于清楚了解因果关系，这就需要团队拥有多元反馈和开放的学习系统，重在开创多种学习途径，运用各种方法引进知识。

需要注意的是，学习是心灵的正向转换，团队如果能够顺利导入学习型团队，不只能够达致更高的团队绩效，更能够带动团队的生命力。由于社会环境、管理基础、制度效率等因素，引入学习型团队的时候，需要考虑其适用性。学习型团队是众多团队形式中的一个，并不是每一个团队都适合建立，要与团队的发展阶段相适应。从制度效率角度来看，一个团队在生命周期的不同阶段，应采取一个能够实现其效用最大化的团队形式，不能刻意追求最先进的，而是应该采取最合适的团队形式。

第二节 为什么要建立学习型团队

学习型团队一方面可以保证团队的生存，使团队具备不断改进的能力，提高团队的竞争力，可以说，没有学习就没有进步；另一方面可以为实现个人与团队的真正融合，使人们在工作中活出生命的意义，没有学习就没有取长补短的状况出现。这主要体现在如下四个方面：

第一，它解决了传统团队的缺陷。传统团队的主要问题是分工、竞争、冲突、独立，降低了团队整体的力量，更为重要的是传统团队注意力仅仅关注于眼前细枝末节的问题，而忽视了长远的、根本的、结构性的问题，这使团队的生命力在急剧变化的环境面前显得十分脆弱。学习型团队弥补了传统团队的缺陷。

第二，它为团队创新提供了一种可操作性比较强的技术手段。学习型团队可以由许多具体方法组成，这些方法简便易学，此外，一些硬件如创建起实验室，可以帮助团队管理者在其中尝试各种可能的构想、策略和意境的变化及种种可能的搭配。

第三，它可以解决团队生命活力问题。它实际上还涉及团队中人的活力问题，在学习型团队中，人们能够充分发挥生命的潜能，创造出超乎寻常的成绩，从而由真正的学习体悟出工作的意义，追求心灵的成长与自我实现，并与世界产生一体感。

第四，它可以提升团队的核心竞争力。过去讲的团队竞争力是指人才的竞争，学习型团队讲的团队竞争力是指团队的学习力。在知识经济时代，获取知识和应用知识的能力将成为竞争能力高低的关键。一个团队只有通过不断学习，拓展与外界信息交流的深度和广度，才能立于不败之地。人们可以运用学习型团队的基本理念，去开发各自所置身的团队创造未来的潜能，反省当前存在于整个社会的种种学习障碍，使整个社会早日向学习型社会迈进。或许，这才是学习型团队所产生的更深远的影响。

当然，尽管学习型团队的前景十分迷人，但如果把他视为一贴万灵药则是危险的。事实上，学习型团队的缔造不应是最终目的，重要的是通过迈向学习型团队的种种努力，引导一种不断创新、不断进步的新观念，从而使团队日新月异，不断创造未来。学习，成就未来。

第三节 学习型团队建设误区

在新的经济背景下，团队要持续发展，必须增强团队的整体能力，提高整体素质；也就是说，团队的发展不能再只靠像福特、斯隆、沃森、马云那样的领导者一夫当关、运筹帷幄、指挥全局，未来真正出色的团队将是能够设法使各成员能够全身心投入并有能力不断学习的团队，即学习型团队。但是，在团队建设实践中，还存在一些误区。

思想误区：神秘化。创建学习型团队是由美国麻省理工学院教授彼得·圣吉首先提出来的，目前国内创建学习型团队都借鉴了他的基本观点。许多人认为，这个理论中的许多名词晦涩难懂，内容博大精深，掌握不了那么高深的学问，这其实是一种误解。学习型团队理论由外文翻译而来，不太好理解是事实。但它的基本精神和主要内容和我们的观念差距并不是很远，只不过是用一种新的思想把我们已经做的工作加以整合和改造而已。中国许多知名团队的成功实践充分说明了这一点，像海尔、蒙牛等就是典型的例子。

认识误区：一般化。有许多人认为，创建学习型团队就是办班讲课、读书看报，没有什么新鲜的。我们说培训是要搞的，专家讲课也是必要的，书报更是必看不可。但这些做法只是从外部支援的角度为团队创建学习型团队提供理论上的解释和操作上的咨询，其本身并不是创建学习型团队的必经环节，更不是创建学习型团队的本质意义。因此，创建学习型团队应当是自己亲手去做的事情。如果一个团队整天"学习"而不创造，那就不是一个真正意义上的学习型团队，只能算是一个形而上学的学习团队。学习型团队的学习特别强调把学习转化为生产力，有"学"有"习"，而且"习"重于"学"。

操作误区：等同于以往的思想政治工作。现在，创建学习型团队很热。有人认为，只要我们将思想政治工作的标签换一下，跟着喊就行了。这种观点是有偏颇的。创建学习型团队固然可以借鉴思想政治工作中的一些做法，但绝不等同于思想政治工作。总体来说，学习型团队所倡导的学习主要有两方面内容：一是工作学习化，即把工作的过程看成是学习的过程，工作跟学习是同步进行的；二是学习工作化，今天的学习型团队理论明确要求，上班不仅仅是工作，而是要把生产、工作、学习和研究这四件事情有机地联系起来。由此可见，创建学习型团队与以往的思想政治工作并不是一回事，不能混为一谈。

动力误区："等、靠、要"。有人说，既然学习型团队这么重要，我们只要按老办法抓就行了。我们说，建立学习型团队的动力来自团队发展的内在需求，应当是一项自发、自主的工作。因此，要彻底改变那种外面做方案、订计划，团队照方吃药、跟着执行的"等、靠、要"做法。具体来说，应以提高团队的核心竞争力为目的，切实加强自主性、针对性、创造性的学习。

思维误区："一阵风"。不能有把创建学习型团队当作一项应急活动或短期工作思维，刮"一阵风"就完事。它应当成为伴随团队工作、学习的直到完成团队目标的永久使命，持之以恒地延续下去。纵观国内外成功的学习型团队，他们的创建过程多为几年甚至十几年。即使是所谓成功，也只能说是完善了创建学习型团队的形式和机制。所以，有学者提出，这种学习的过程应用 n 来表示，即没有具体数值。因此，我们必须破除急于求成的思维方式，必须破除"一阵风"式的行为模式。

总之，创建学习型团队是一个漫长的、艰苦的过程，必须结合该团队的实际情况，不断探索、不断总结，以期建立起具有自身鲜明特色的学习型团队，真正促进团队的长远发展。

第四节　如何建立学习型团队

建立学习型团队很重要。怎么建设呢？美国的彼得·柯莱恩、伯纳德·桑德斯在他们所著的《迈向学习型组织的十个步骤》中，做了非常细致的研究，它赋予学习型组织这个最令人兴奋的管理概念以生命的活力。具体地说，他们明确了学习型组织的建设方法。也就是说，他们明确了学习型组织的建立与发展具有的十个步骤，可以作为学习型团队建立与发展借鉴。

一、评估团队的学习文化

要建立学习型团队，首先需要评估团队本身是否具有学习文化。良好的学习文化是建构学习型团队的基本前提。柯莱恩与桑德斯曾经提出了三十六个要项，作为评估组织学习文化的依据，其中有六项要点极具意义，可以作为学习型团队学习文化的评估借鉴，分别为：在组织中有正式结构与非正式结构计划鼓舞成员彼此分享学习成果；组织能为解决问题与学习而计划；组织的每一个层级中学习是被期望且受鼓舞的；人们对于组织怀有远景并且能去适应工作形态；组织能够鼓舞成员并提供资源促使成员成为自我导向的学习者；了解自己与他们的学习形态借以促进沟通和组织的学习。

二、增进团队的积极性

良好的状态是工作效率的保证。当我们用高压与逼近的方式来经营团队时，通常所带来的往往是成员的无所适从或者反抗。相反的我们若以温暖与和蔼的态度去对待成员，给团队成员以平静的心态，则团队将会展现出其开放性与协调性而变得积极。

三、打造能安然思考的工作场所

思考需要有安静坦然的环境；安静坦然也是安全的前提。安全是人类基本的需求，同时也为个人与团队在每个成长与发展阶段中所不可或缺的。创造安全的学习环境需具备三项必要备件：共识的结构，团队能建立起一个完善的体制，有良好的规范，促使成员能展开具有影响力的行动；教育的氛围，促进成员接受教育，并且支持他们的问题，这是一种帮助团队成员成功的手段，而非帮他们做事；问题解决的能力，团队能够将解决问题当作一种生活与学习方式。

四、营造冒险文化

机遇与冒险是并存的。不敢冒险就意味着可能失去机会。同时，冒险也是解决危机的必要手段。有时候危机是进步与成功的契机。每一次危机都是学习的机会，可促使团队获得更多的成功。在团队中建立鼓励冒险的文化及其机制，是团队继续生存与发展的要素之一。

五、建立分享学习机制

分享学习能够让团队成员成为彼此学习的资源。团队中的成员彼此构成了相互学习的最大资源，在团队中倘若能善加运用之，则往往在提升团队效能上，可发挥出极大的效用。在这方面可先经由成员的自我评价，以深入反思其本身的各项能力与专长，再经由小组资源目录的建立，以帮助成员了解彼此的才能，并据而达到相互学习共同成长的目的。

六、融合学习与工作

在团队中如果能够做到在工作中学习、在学习中工作，那就是学习型团队了。往往许多人不能做到合二为一、浑然一体，为了学习而工作，为了工作而学习。成功的学习，往往会让学习与工作结合，会具有启发性和发现力，达到解决问题的目的。

七、描绘团队远景

在团队中需能清楚地描绘出其未来的发展远景，以作为成员共同努力的方向与目标。而团队的远景需凝聚群策与群力由成员共同建立。这是激发团队学习与工作的动力。

八、生活化团队远景

学习型团队的最高境界是学习与工作的生活化。要养成团队成员无时无刻不在学习和工作，化学习与工作于无形，深度融入生活中。这样就能够将团队的远景转化为行动，并进一步深入整个生活中。

九、建立与团队建设有机统一的学习机制

学习型团队必须思考，也强调思考，在思考过程中，团队可在历史记忆、目标、规则、继续进步、反馈、团队中的人员行为六个方向建立有机统一的学习规则。

十、明示团队努力方向

将上述所有的步骤放在一起彻底实行，并接受任何挑战的机会。同时对于团队未来的发展有明确的方向。

总之，若要创造出一个学习型团队，在团队中需建立起"工作学习化、学习工作化"的观念与机制。

第十一章　团队凝聚力与口号

选择比努力重要，态度比能力重要，立场比实力重要。有本事是一回事，能否成功是另一回事，得看你选择什么环境，跟哪些人在一起，能否应对周围的冲突，如何赢得足够的支持。要多和成功之人交友，借鉴他们的方法；无法改变外界，尽量改变自己；学会依靠团队；懂得自我反省；保持积极心态。

——来自网络

导语： 通过前面的学习和实践，团队会是高效团队吗？我们必须知道，一个高效团队的显著特征就是具有很强的凝聚力。因此，在团队建设过程中，加强团队凝聚力是必要的内容之一。这就需要我们了解什么是团队凝聚力，了解团队凝聚力的来源、影响因素，掌握提升团队凝聚力的方法，掌握团队口号制定的方法等。

学习目标

- 了解什么是团队凝聚力。
- 了解团队凝聚力的来源、影响因素等。
- 掌握提升团队凝聚力的方法。
- 掌握团队口号制定的方法。

讨论

如何营造我们团队的凝聚力，并且让这种凝聚力一直保持下去呢？

讨论时间：30 分钟。

各小组派代表用 3 分钟时间阐述所在组的讨论结果（请大家做好相关记录，作为投票的依据）。

结合下面的学习内容的应用情况，各队投票评选优秀小组。根据得票多少，分别评选出优秀、良好、合格团队，分别给予 5 分、4 分、3 分。

第一节　何为团队凝聚力

关系融洽是凝聚力的表象。没有了解，就不会相知，就不会有融洽的关系。这是人际间产生凝聚力的基础。生活中，我们会发现，一个非正式群体的凝聚力很强，来源就是大家互相了解与熟悉，如形影不离的大学室友。可是你真正了解你身边的人吗？比如：

- 他最强的一项能力。
- 他最近一次成就（工作或家庭）。
- 他非常希望可以改善的一项习惯。
- 他最喜欢的食物。
- 他最讨厌的事情。
- 他最欣赏哪一项特质。

因此，我们需要在这个常识性基础上探讨团队凝聚力。

一、团队凝聚力

要提高团队凝聚力，首先需要知道什么是团队凝聚力。一个团队成立并稳定发展，团队凝聚力是其必要条件。丧失凝聚力的团队，就犹如一盘散沙，难以持续并呈现低效率工作状态，甚至可以说不是团队了。与其相反的是，如果团队凝聚力较强，那么团队成员就会热情高，做事认真，并有不断地创新行为，因此，团队凝聚力也是实现团队目标的重要条件。

所谓团队凝聚力就是一个团队成员之间相互吸引并愿意留在团队中的程度。团队凝聚力，能产生使内部的成员充分发挥积极性、创造性及磁石般的吸引力。一个优良的团队需要的是一种优良的素质，这种优良的素质是根本是关键，直接决定了群体成员之间相互吸引并愿意留在群体中的程度。团队凝聚力主要表现在以下三个方面：

一是团队本身对成员的吸引力。团队的目标方向、组织形态、职业形态、社会位置等适合成员，吸引力就大；反之，吸引力就会降低，甚至会使成员厌倦、反感，从而脱离团队。

二是满足所有成员多种需要的吸引力。团队满足成员个人的各种物质和心理需要，是增强团体吸引力的最重要条件。也就是说，团队能够满足成员的部分或全部需要，使团队成员有安全感、归属感、成就感、荣耀感，等等。

三是团队内部成员间的吸引力。团队成员利益一致，情趣相投，互相倾慕，互相欣赏，就会关系和谐，互相关心、爱护和帮助，吸引力就大；反之，吸引力就小，甚至反感，相互排斥，出现离心离德现象。

二、团队凝聚力来源

团队凝聚力的产生有内外两方面的因素。内在因素来自成员与团队本身，外在因素来自环境的压力。团队凝聚力可以是团队成员关于情境的理解与反应趋向一致的过程，也可以是成员对他人行为的认同，也可以是成员共同持有一种特定的价值观，主要有：

一是有成员对共同利益的认同机制。团队利益一致，没有团队利益就没有个人利益，是团队凝聚力的动力来源。比如，面对社会上现实的收入反差，大家容易形成对共同利益的认同，考虑到团队成员的固有素质，这种认同会自动转化为维护团队大局的自觉行动。对个人利益与团队的根本利益不完全重合的成员，要有淘汰机制或者同化机制。

二是有以贡献论报酬的公平分配机制。在团队内部，不能老讲贡献，必须有按照绩效实施分配的公平机制，这是团队凝聚力的作用机制来源。团队不能靠平均主义生存，也不能靠讲奉献维持发展，这样是没有生命力的。团队成员如果都能接受彼此有不同的收益，这种不同的收益又是建立在公开公平的制度基础上的，这就会形成公平机制。不合理的分配体系，是影响凝聚力的，要注意防止并及时修正。

三是维护团队利益的公正体制。团队内部，需要有公正的管理体制，这是团队凝聚力的体制来源。比如，通过建立相应的管理机构和制度，让团队成员不拉帮结派，不亲此疏彼，规则面前人人平等。不用团队公共资源不占工作时间去搞个人业务假公济私行为等。这种现象特别影响同事们的工作热情，特别影响团队的形象和威望，也就会对凝聚力造成影响。

四是有激励性目标体系。一个团队要有共同的奋斗目标。有没有共同的目标，共同目标的好坏，直接影响团队的风气、精神，从而影响团队凝聚力。团队共同目标，要通过个体目标来实现，个体目标要服从团队的发展，这就形成了团队的目标体系。一个团队的目标与可能发展方向要经常与团队成员交流讨论、辩论争论，在这个过程中让成员在自觉支配下围绕团队大局进行自我设计。个体成员看重未来，更看重创造未来的机会。对他们追求的这种境界，团队要鼓励，并要尊重和珍惜他们的工作激情。

三、高凝聚力团队特征

如何才能判断团队凝聚力的高低呢？一般来说，团队高凝聚力有如下特征：

（1）团队成员归属感强。在团队能够获得尊重感、荣誉感、满足感和快乐感。

（2）团队成员具有共同目标。在团队中觉得有努力的价值与努力的方向，没有迷茫与困惑。

（3）团队成员具有责任感。主动参加团队活动并承担团队工作中的相关责任。

（4）团队成员具有团队意识。能够主动自觉维护团队利益和荣誉，领导者、成员都愿意为自身及他人的发展付出。

（5）团队成员具有良好的沟通。成员之间有良好的沟通机制，信息沟通快，关系和谐，并具有民主气氛，成员间不会有压抑的感觉。

（6）团队成员之间非常了解。成员间互相了解各自的优劣势，互相尊重，互相信任，彼此包容。

（7）团队具有良好的保障体制机制与硬件。团队能够为成员的成长与发展，自我价值的实现提供便利的条件。

如果一个团队具有以上特征，就说明具有较强的凝聚力了。

四、团队凝聚力与团队文化

一个有凝聚力的团队一定是有文化的团队。团队凝聚力是团队文化的表象，团队文化是团队凝聚力的内核。高效团队的塑造，离不开团队文化的内在支撑。文化是一个团队的灵魂，提升团队文化境界，物化团队文化成果，形成具有大局意识、协作精神、组织纪律性完美融合的团队文化，从而从内心产生对团队的认同感和归属感的体系建设，将塑造出一支优秀的团队，成为构建团队内部凝聚力的基础之石。

建设团队文化也就是提升团队凝聚力。团队文化是团队建设过程中创造的精神产品的集合。它是区别于其他团队的内因性特征。团队文化具有自身特质的组成内容，因此可以称为"团队特色体系"（Tuandui Tese Tixi）。有人用"团队特色体系"的汉语拼音首字母"3T"来概括这种团队文化模式，称为"3T"团队文化模式。由于该模式涉及团队文化建设的方方面面，因此，也就成为团队文化建设的重要方法，当然也就成为提升团队凝聚力的方法。"3T"模式涉及精神层面、机制层面和物质层面。精神层面包括理念、宗旨、态度、作风、价值观等；机制层面包括管理制度、激励制度和运作方式等；物质层面包括环境氛围、团队标志、文化设施等。其中，精神层面占据主导地位。因此，团队文化建设是提升团队凝聚力的重要途径。

本书重点从加强团队凝聚力和团队口号切入，这也是团队文化建设的重要

组成部分。

第二节　影响团队凝聚力的因素

为什么有一些团队凝聚力高，有一些团队凝聚力会低？一般来说，是受如下一些因素的影响：

一、团队成员的组成

团队的规模：团队的规模越大，团队的凝聚力就越低。由于团队规模增大，团队成员间沟通互动的机会和可能性就减小，从而难以形成凝聚力；反之，团队规模越小，团队成员间沟通互动的机会增大，团队成员就越容易融为一体，从而形成更强的凝聚力。

成员的相似性：所谓成员的相似性，是指根据个人档案记录归纳总结的比较明显的个体特征，也包括那些难以观察、对人的行为模式更具决定性影响的深层次因素，如个性、态度、爱好、价值观及其他心理因素等，还包括个体内在特性动态集合所产生的总体特征。通俗地说，就是志同道合的一群人在一起会凝聚力高。

成员的相吸性：团队成员如果能够从其他成员身上发现了自己喜欢的某种品质特征，如名声和社会地位、愉悦、支持性以及其他令人喜欢的个性特点等，就会对其表示赞美、钦佩，成员间的这种相互吸引，会使他们愿意在一起共同完成某项任务。通俗地说，就是情趣相投的人之间凝聚力就高。

二、团队任务

任务目标的一致性：目标一致是形成凝聚力的前提条件。首先，如果团队目标与成员目标是一致的，那么成员就会被团队所吸引；其次，团队建立共同目标的过程往往意味着确立竞争对手的过程。竞争会加强团队内部的认同，也会使团队成员的身份显得更加重要。"兄弟阋于墙，外御其侮。"就是这个道理。

目标任务实现过程中的相互依赖程度：如果要实现团队目标，需要每个团队成员的共同努力且密切协作完成，则团队成员在行为、情绪和心理上就会与其他成员融为一体，形成合力，这样，团队实现目标的过程也是凝聚力形成的过程；相反，如果目标实现过程中所必需的相互信赖程度低，则不易形成团队凝聚力。

团队任务对成员的吸引力：完成团队任务的活动内容、形式、频率适合成员，吸引力就大；反之，活动不受成员的欢迎，吸引力就会降低，甚至会令成员产生厌倦、反感心理，从而脱离团队。

任务的难度：重复和烦冗的常规任务会带来倦怠并影响团队凝聚力，而以团队为单位，具有一定挑战性并经过努力可以达到的任务，这样的任务能够为整个团队带来共同面对压力的考验，完成这类任务，必须要团队成员保持高度一致，齐心协力，这样一个完成任务的过程，也就促进更高凝聚力的形成。

三、团队内部管理

领导方式：有人用实验比较了在"民主""专制"和"放任"这三种领导方式下各实验小组的凝聚力和团队气氛。结果发现，民主型领导方式组比其他组成员之间更友爱，成员相互之间情感更积极，思想更活跃，凝聚力更强。

激励方式：不同的激励因素和激励水平，对成员产生的吸引力也不同。能够促进团队凝聚力的激励因素，主要指能够强化归属感的各种情感因素。每个团队成员都有自己的心理需求，每个人的心理需求也各不相同，如有些成员有归属于某一团队的需求，有些则对权利有很高的要求，有些有沟通与身份地位的需求，而有些人有自我评价的需求等。团队是否能够持续为其成员提供其所期望的激励，会对团队凝聚力产生重要影响，团队需要把握好这些影响团队成员需求的因素。

沟通：成员之间的沟通有利于对团队任务的理解和即时了解对方的进展情况，从而对自己的工作进行适当调整，以便更好地完成团队任务。在有效沟通的基础上，团队才能维持相互信任，增强对团队的归属感。

规范：团队有无一定的规范，也会影响到团队凝聚力的形成与发展，如果制定有效合宜的团队规范，会在一定程度上约束成员的行为，使成员行为最大限度地指向团队任务。另外，高凝聚力的团队一般较易产生共认规范；相反，低凝聚力的团队一般难以形成共认规范。

另外，团队的外部因素也会影响到团队的凝聚力。一个团队总是与外界环境不断地发生着交互作用，积极进取的外部环境必然会对团队凝聚力的增强起到正面的促进作用；相反，消极的外部环境则会对团队凝聚力产生负面影响，如团队间的合理竞争会增强团队凝聚力，当团队之间开展竞争时，各自的团体内部就会产生压力和威胁，迫使所有的成员自觉地团结起来，减少内部分歧。能够忠于自己的团队，维护团队的利益，一致对外，以避免自己的团队受挫、受损。这样，团队成员间的关系就变得密切起来，大家同舟共济，共赴使命，团队的凝聚力也就得以提高与加强。

[资料]

测试团队的健康度

人们都希望有一种办法来了解自己团队的现状，特别是想知道我们可以从哪些方面去评价一个团队，以及自己的团队在这些方面的具体表现如何。一般地，我们可以从以下五个方面来评价团队的健康度：

（1）成员共同领导的程度。这是指一个团队的每一个成员都可以并有义务分享一份领导责任，一个团队是大家共同来领导的。如果一个团队是独裁专制性的，那它的健康水平也就低。

（2）团队工作技能。这是指成员在一起工作相处的技巧。

（3）团队氛围。这是指团队成员共处的情绪和谐度和信任感。

（4）凝聚力。这是团体成员对目标的一致性。

（5）团队成员的贡献水平。这是指团队成员为实践自己的责任所付出的努力和成就程度。

也就是说，管理者在建设团队方面，应当考虑从这样五个方面入手。如果一个团队在这几个方面都很出色，那它也就会是一个优秀的团队，也就必定会是一个高绩效的团体。

为了使操作简单化起见，在这里介绍一种简便的诊断团队健康度的方法。请用 1~4 分评定下列各种陈述是否符合你所在的团体。

1 分：不适合　2 分：偶尔适合　3 分：基本适合　4 分：完全适合

以下为 25 个问题，请按上述标准填写：

（1）每个人有同等发言权并得到同等重视。

（2）把团队会议看作头等大事。

（3）大家都知道可以互相依靠。

（4）我们的目标、要求明确并达成一致。

（5）团队成员实践他们的承诺。

（6）大家把参与看作自己的责任。

（7）我们的会议成熟、卓有成效。

（8）大家在团队内体验到透明和信任感。

（9）对于实现目标，大家有强烈一致的信念。

（10）每个人都表现出愿为团队的成功分担责任。

（11）每个人的意见总能被充分利用。

（12）大家都完全参与到团队会议中去。

（13）团队成员不允许个人事务妨碍团队的绩效。

（14）我们每一个人的角色十分明确，并为所有的成员所接受。

（15）每个人都让大家充分了解自己。

（16）在决策时我们总请适当的人参与。

（17）在团队会议时大家专注于主题并遵守时间。

（18）大家感到能自由地表达自己真实的看法。

（19）如果让大家分别列出团队的重要事宜，每个人的看法会十分相似。

（20）大家都能主动且创造性地提出自己的想法和考虑。

（21）所有的人都能了解充分的信息。

（22）大家都很擅长达成一致意见。

（23）大家相互尊敬。

（24）在决策时，大家能顾全大局，分清主次。

（25）每个人都努力完成自己的任务。

（1）_____ （2）_____ （3）_____ （4）_____ （5）_____

（6）_____ （7）_____ （8）_____ （9）_____ （10）_____

（11）_____ （12）_____ （13）_____ （14）_____ （15）_____

（16）_____ （17）_____ （18）_____ （19）_____ （20）_____

（21）_____ （22）_____ （23）_____ （24）_____ （25）_____

A　　　　　B　　　　　C　　　　　D　　　　　E

（1）～（25）条目共分为 5 项内容，在上面分列为 A、B、C、D、E 共 5 栏。把各栏中所标题目的相应评分累加起来，就得到各栏的分数，它们的含义是：A＝共同领导；B＝团队工作技能；C＝团队氛围；D＝团队凝聚力；E＝成员贡献水平。

每一项的满分为 20，每项的得分越高越好。比较所在团队不同方面的得分，就可以粗略地了解自己的团队的长短。如果让所在团队的每一个成员都作一下评定，就可以得到两种结果：其一，得到团队成员对团队的总体的（平均化）的评价；其二，可以比较总体评价和每一个团队成员的评价，了解每一个人与其他人的看法的差距。这些结果都可以应用于团队建设的具体设计中去。

第三节　如何提高团队凝聚力

从前面几节，我们已经知道团队缺乏凝聚力有许多原因，如对个人而言，过于自我、过于自私、过于自大是主要原因；对团队整体而言，团队目标缺乏吸引力，团队规则的不健全，团队文化的缺失，也是导致凝聚力不高的原因。团队缺乏凝聚力的表现主要有：团队没有执行力、团队内部没有过多沟通、团队内部缺乏感恩之心、团队队员之间缺乏信任，等等。

要提高团队凝聚力，一般可以从以下几方面着手：

一、明确团队共同的目标

一个团队为完成某个任务或项目，首先需要确定成员一致认可的具体目标。一个好高骛远的目标，会让人觉得不踏实、不可靠、没有追随的价值，继而使团队成员分心离德，导致军心溃散。因此，这个目标必须在力所能及的范围之内，有一定的可行性和可操作性。但这个目标又不能轻易实现，必须有一定的难度，使立志干一番事业的人值得为这个目标奋斗。

一个好的目标，会让团队在实施中，既觉得有难度，又会觉得比较可行，经过全体成员的通力合作和不懈努力则可以实现，而且目标的实现，能带给大家成就感和荣誉感。团队共同的目标必须经过团队的充分讨论、补充和认可，从而上升为团队的共识。也只有通过全体成员的讨论和认可，才能让每一个成员都把这种行动和规划，看成是自己为自己制定的，而非别人为自己制定的，从要我干，到我要干，这就是团队的共同目标向团队凝聚力的第一步转化。

二、挑选好团队管理者

团队管理者包括团队带头人和团队主管。

团队带头人或领导是团队成员的核心，他的领导艺术、才能在很大程度上影响到团队凝聚力的形成乃至团队的成功与否。一般来说，团队带头人须不懈地学习，使自己逐步形成儒雅的风度、潇洒的仪态、自如的表情等领导气质。气质反映出一个人的基本素质、受教育程度乃至被人信赖的程度。它有一种自然的难以替代的亲和力和凝聚力。团队带头人应该始终充满乐观的精神，遇到困难和问题不轻易在成员中流露出悲观失望的情绪。团队带头人应具有诚信守诺、严己宽人、豁达宽容、以德服人、忍小谋大的个人修养，这种修养形成的人格魅力将使团队内形成无形的向心力，团队成员会心情舒畅地、自觉自愿地接受指导和任务，并以仕为知己者死的豪情投入工作。团队带头人应以身作则，使自己的行为符合团队规范和规则，不得置身于团队法规以外，并成为团队行为的楷模。团队带头人应该是善于沟通、善于平衡的高手，在繁杂的内部关系、上级关系，对外合作关系中从容应对、游刃有余、果断勇毅，艺术性地化解矛盾，和解关系。团队带头人应具有敢于承担责任的精神，权力在某种程度上说也意味着责任，理应承担比别人更大的风险和责任。团队建设的成功与否，团队带头人应负主要责任，不要出现成绩功劳归于自己，过失问题推给他人的不良作风。

团队主管是维系团队凝聚力与战斗力的关键人物，如我们的学习团队的各个小组长就是团队主管。团队主管是次于团队带头人的管理者。塑造团队的凝聚力，团队主管作用重大。团队主管要主动与团队成员保持良好的沟通。积极主动地与团队成员沟通，了解团队成员工作状态和生活状况，多了解成员的合理需求并尽力满足他们，创造一个良好和谐的沟通氛围。我们的管理者很多时候缺乏与团队成员沟通的主动意识，在认识上有偏差，总以为应该是员工主动给自己反映问题而不需要自己去主动沟通。实际上作为管理者如果每天花一点时间主动和成员进行交流，你往往会发现很多问题在交流中迎刃而解，也会让团队保持在一种高昂的战斗氛围中。团队主管要尊重团队成员，充分信任他们。作为管理者对团队成员要给予充分的信任，缺乏信任是做不好工作的。团队主管要不断给予团队成员鼓励，不与成员争利，不与成员争权，给予充分授权。团队主管要有让团队成员感受到成长的快乐。在一个团队中，我们要让团队成员真正能体验到自身得到了成长，在成长的过程当中体会到成就的快感，方能塑造团队成员的向心力与归属感觉，因为一个人在一个组织当中，如果得不到成长，一般只有两条路可选：一是自行得过且过，最终出局；二是感觉不到需求的满足，最终选择走人。

三、团队成员情趣相投

一个凝聚力强的团队，其成员组成必须是有归属感的组合。团队成员有着相同的抱负和目标，目标志趣不同的一群人，就谈不上凝聚，所谓道不同不相为谋。在团队中尽管每个人的习惯爱好不尽相同，但团队成员都愿意为共同目标的实现，自觉地限制自己的情趣，并调整自己的情趣与大多数成员的主流情趣逐步趋同，为团队的前程，也为自己的前程，团结一致、全力以赴去奋斗。

在团队工作中，个人差异是不可避免的。确定差异，商讨办法，增进了解等，都会帮助团队形成凝聚力。

如何做到团队成员志趣相投呢？

欣赏。团队的效率在于每个成员配合的默契，而这种默契来自团队成员的互相欣赏和熟悉——欣赏长处、熟悉短处，最主要的是能够做到扬长避短。

尊重。尊重没有高低之分、地位之差和资历之别，平等待人，有礼有节，既尊重他人，又尽量保持自我个性，这是团队合作能力之一，也是尊重的最高境界。尊重能为一个团队营造出和谐融洽的气氛，使团队资源形成最大限度的共享。

宽容。雨果曾经说过，"世界上最宽阔的是海洋，比海洋更宽阔的是天空，而比天空更宽阔的则是人的心灵"。宽容是团队合作中最好的润滑剂，它能消除分歧和争斗，使团队成员能够互敬互重、彼此包容、和谐相处、从而安心工作，体会到合作的快乐。

信任。团队是一个相互协作的群体，它需要团队成员之间建立相互信任的关系。信任是合作的基石，没有信任，就没有合作。信任是一种激励，信任更是一种力量。

沟通。敢于沟通、勤于沟通、善于沟通，让所有人都了解你、欣赏你、喜欢你。一个人身在团队之中，良好的沟通是一种必备的能力。作为团队，成员间的沟通能力是保持团队有效沟通和旺盛生命力的必要条件；作为个体，要想在团队中获得成功，沟通是最基本的要求。

负责。不仅意味着对错误负责，对自己负责，更意味着对团队负责、对团队成员负责，并将这种负责精神落实到每一个工作的细节之中。

热心。热心帮助身边每一块"短木板"，才能提升整体水平。只有一个完全发挥作用的团队，才是一个最具竞争力的团队；而只有身处一个最具竞争力的团队之中，个体的价值才能得到最大限度的体现！

诚信。古人说："人无信则不立。"诚信，是做人的基本准则，也是作为一名团队成员所应具备的基本价值理念。

团队意识。成功的团队提供给我们的是尝试积极开展合作的机会，而我们所要做的是，在其中寻找到我们生活中真正重要的东西，即乐趣，工作的乐趣，合作的乐趣。因为热爱，所以执着。

四、良好的外部环境

所谓外部环境，是指形成团队的社会需求和上级领导的认同度与支持力度。重视团队建设，就是要从各方面获得全方位的指导和支持。团队成员在良好的外部氛围中，既获得社会与领导认同的自豪感，又有自觉责任重大的紧迫感。良好的外部环境可以使团队凝聚力相得益彰。

五、和谐的内部人文环境

团队和谐的内部人文环境对团队凝聚力的形成至关重要。一个高效率、有战斗力、发展良好的团队内部环境必然是和谐融洽的，团队成员对团队有强烈的归属感，团队成员把团队当成"家"，把自己的前途与团队的命运联系在一起。在处理个人利益与团队利益的关系时，团队成员采取团队利益优先原则，个人服从团队。团队与其成员结成牢固的命运共同体，共存共荣。成员之间在工作上相互协作，相互宽容，相互沟通、利益共享。在生活上彼此关怀，彼此信任，充满友善。大家心情轻松愉快，把参与团队活动看成一种享受。团队成员对团队事务全心投入，尽职尽责，参与管理、决策。团队内部充满热情、充满活力，洋溢着生机勃勃的和谐气氛，即所谓"风气好"，在这样的氛围中，团队才易形成较强的凝聚力。

六、完善的规则

通过前面的学习，我们知道，一个优秀的团队并不是简单的"人的集合体"，而是通过团队的规则与文化，将每一个团队成员的优势与能力充分而合理地凝聚在一起，形成一种远远超越个体力量简单相加的效果。每一个成员的行动都不能是盲目的、随心所欲的，必须将自己的行为加以约束和限制，遵循一定的规则和方向，这种规则和方向就是根据团队的目标和整体利益而共同制定的各项制度、条例、规定，等等。团队全体成员共同遵守共同制定的规则、权利及义务，并以此规范约束自己的行为，从而形成一个战斗力、凝聚力极强的群体。一个无组织、无秩序、无规则的团队往往人心涣散、四分五裂，其结果也只能是一事无成。

七、合理的分工协作

我们已经知道，一个团队目标的完成，需要大家共同配合一起来分担，因此团队分工协作特别重要。团队成员由于个人经历、兴趣爱好、业务素养、专业技能等方面存在差异，每个人都有最适合自己的岗位与职责，团队的分工应将每个人安排在最适合的位置，每个人职责明确，最大限度地发挥他们的聪明才智，实现人岗匹配，这样的团队才能形成合力，才能有条不紊正常运转。团队领导的分工和职责也至关重要，其工作重点在于把握大方向，协调团队，既不能高高在上，游手好闲，又不能事必躬亲，越俎代庖。缺乏明确合理的分工，越位错权，什么事都抢着干或什么事都没人干，将给团队造成效率低下、管理无方的混乱局面。

八、公开透明的运行

要使团队形成较强的凝聚力，其工作流程需要公开、透明，使各项工作和具体过程在阳光下运行。"透明"应当是每个团队成员特别是团队领导起码的道德标准和职业操守。从某种意义上说，团队运行的公开和透明，也显现了团队对于自身能力与品行的自律和自信。而要真实地做到这一点，就要进一步加强团队领导的个人修养和素质，完善团队运行规则和机制，提升和加强团队内部监督的权力。公开透明通常包括团队的政策、条例、依据、奖惩办法、工作程序、操作办法等内容。形式可采用团队例会通报、上墙公开、公告栏和网上及时公开等。团队运行的公开透明，可大大增加团队的诚信度和相互信任度，让疑惑、谣言止于公开，避免内部疑惑丛生，四分五裂，也提升了团队的形象和凝聚力。

九、适当的奖惩手段

在奖惩制度方面，团队首先应保证制度的公开性、公平性和透明性。团队应以表扬奖励为主，充分肯定成员每一点点进步和成绩，让成员始终有为团队作了贡献的自豪感和成就感。惩罚一定不可频繁，切忌动辄以训斥相对，以责罚相威胁，特别不能在公开场合大声训斥，以免伤害他人自尊心，造成难以愈合的感情和心理鸿沟。团队领导要严己宽人，冷静公正，不偏不倚，有严有爱，灵活、有的放矢地处理问题。其实，创造轻松气氛和照章办事，也是解决问题的基本原则和行之有效的简明途径。只要按章办事，有法可依，领导无须过多口舌即能解决问题，团队的权威性、公正性自然会确立，凝聚力自然会加强。

十、成果共享的快乐

团队有了一个振奋人心的奋斗目标，是否能取得成功，其先决条件是未来的成果共享，只有成果共享，团队成员才会把自己的命运与团队的命运联系在一起，为追求团队的利益竭尽全力努力工作，形成团队也是为自己的利益机制。通常，成果共享有两个层面的内涵：一是信息、知识、经验、智慧的资源共享。对已有的完善的资料、文件、成果、课件、项目、试题、软件等建立人人共享的资源库，使全体成员互融、互补、互助、互利，形成强大的团队合力。二是团队成果和利益的共享。团队的成绩与成功是全体团队成员辛勤努力的结果，在荣誉、奖金、分配等方面公平公开，让每一个做出贡献的成员公平地共享成果。当然，共享成果的前提，是共同努力和奋斗，而绝不是平均主义。

第四节　团队标语口号

我们知道，团队文化建设有助于凝聚力的提升，涉及精神层面、机制层面和物质层面。物质层面的文化建设就包括团队标语口号制定。因此，许多时候，团队凝聚力需要通过团队标语口号来实现。比如，拔河比赛、划龙舟等，通过呼喊口号，可以在特定任务下整合、激发团队力量，提升团队凝聚力。

一、标语口号的内涵

什么是标语口号呢？标语口号指用来宣传、鼓动的可供呼喊或表明纲领性内容的简短句子。团队标语口号，就是反映一个团队的目标，士气的语言。团队标语口号可以促进团队成员为团队的共同目标去努力。团队标语口号可以点燃团队激情、加强团队意识、激励团队完成目标的进程。

通常，口号和标语的内容是相同的。口号用横幅或文字写出来进行宣传，就是标语了。因此，标语口号经常是同一内涵，经常连用在一起。运用标语口号进行动员，是古今中外常见的现象。中国堪称标语口号大国。标语口号在我国大行其道，主要原因在于具有深厚的历史文化渊源、群体心理感应和标语口号较好的动员传播效果。标语口号之所以能长盛不衰，重要原因就在于标语口号的目标对象是群体。群体在一定的氛围下，具有易于激情冲动、随大流及群体情绪相互感染的特征。标语口号就像荷尔蒙一样，能加速催化群体特征的显现。

标语口号一般使用简单常用的汉字，这就与中国普通人群文化素质不高的特点相契合。加之，标语口号一般工整对仗，朗朗上口，易于识记，便于传播，能够起到很好的动员效果。

二、标语口号的功能

标语口号具有严谨性、鼓动性及语体准确、简洁明了的特点，通过接近性和亲近感在情感上打动成员，对团队文化建设起着不可忽视的导向作用。团队标语口号是将团队的价值观、团队精神、团队理念、处世方式、标识符号等文化元素用简短形象的文字体现出来，形成团队的特有文化形象。团队标语口号在团队建设中可以体现多种特殊功能。

导向功能。团队标语口号能对团队整体的价值取向和每个成员的思想行为及行为取向起引导作用。团队文化以自身系统的价值和规范为标准，当成员在价值和行为取向上与团队文化的系统标准产生悖逆现象时，团队标语口号可以将其纠正并将之引导到团队的价值观和规范标准上来。例如，"树良好团队形象，创一流精品工程""争先进，争一流，争第一"等标语口号。

约束功能。团队文化的群体意识、舆论、习俗和风尚等精神文化内容，会造成强大的使个体行为从众化的群体心理压力和动力，形成团队的文化氛围、群体行为准则和道德规范，使成员在思想、心理和行为上受到规范和约束。如"明确工作标准，品质一定会更稳。""抓质量保安全，宁当恶人不当罪人"。

凝聚功能。团队标语口号的凝聚功能是指当一种价值观被成员共同认可后，它就会成为一种黏合力，从各个方面把其成员聚合起来，从而产生一种巨大的向心力和凝聚力。例如，"团队是我家，发展靠大家""相亲相爱是一家，要想优秀依靠你我他"。

激励功能。团队文化强调以人为本，给成员多重需要的满足，使成员从内心产生一种高昂情绪和奋发进取精神的效应，形成强烈的荣誉感和使命感，产生持久的驱动力，成为成员自我激励的一把标尺。例如，"团结一致，再创佳绩！""成就团队辉煌，助我人生成长。"

辐射功能。团队文化一旦形成较为固定的模式，它不仅会在团队内部发挥作用，对本团队成员产生影响，而且也会通过各种渠道（宣传、交往等）对团队外部环境产生影响。因此，通过标语口号展示团队对团队目标任务的辐射作用从而强化团队文化。例如，"铁军金戈铁马修大路，促进地方经济迈大步""建设和谐铁路，促进长春繁荣"。

品牌功能。有时候团队需要打造自己的品牌，展示团队形象。团队文化和团队实力是构成团队品牌形象的两大基本要素，它们是相辅相成的。团队品牌展示一个团队的形象，团队形象是团队实力和团队文化内涵的综合体现。团队如果形成了一种与外部环境相适应的团队精神、发展战略、团队思想和理念，即团队品牌，就能产生强大的团体向心力和凝聚力，激发成员的积极性和创造精神，从而推动团队实力持续发展。例如，"双虎并进，必压群雄，（团队名称）市场，有我最强""开拓市场，有我最强；（团队名称），我为单狂"。

总之，标语口号作为意识的表现形式之一，是对团队文化、目标、价值、任务的一种反映，不同性质的标语口号起着不同的作用，反映不同的功能。不同功能的标语口号，也就体现了标语口号不同的不同类型，即导向型、约束型、凝聚型、激励型、辐射型和品牌型，等等。这就为制定标语口号提供了思路。

三、标语口号与团队文化建设

标语口号制定是团队文化建设的重要组成部分。要将标语口号融入团队文化之中，使之成为团队文化的一部分，却是要经过精心策划和准确定位后才能形成特有的独一无二的文化符号。因此，团队的标语口号不能千篇一律，出现语言大众化，套话空话，放之四海皆可用。这种团队标语口号是没有生命力的。那么，要形成独特的团队标语口号，需要注意如下几方面：

第一，对本团队的文化要有准确的把握与定位。一个团队有自身的发展历程、价值取向、发展理念和追求目标，不同的特点决定了不同的团队文化内涵。如某营销团队对自己的定位口号是"市场的开拓者"，这个定位彰显了团队的雄心和志气，提振成员的斗志。

第二，要对团队文化标语口号进行精心提练，达到用语简练，内涵丰富。如队名为"野狼团"的口号可以是："虎狼之师，唯我独尊！"

第三，要对团队标语口号进行全面系统的设计，让成员觉得喜闻乐见，做到人人皆知。例如，某团队在文化建设中，对团队文化开展了大量的宣传教育活动，建立了团队视觉识别系统，印刷并下发了团队视觉识别系统 CIS 手册图像版及矢量版，印制了《团队文化手册》普及版，下发全体员工学习。

第四，要让团队标语口号融入成员的工作和生活的各个环节。通过在办公区、工作现场、员工住地悬挂张贴团队文化标语口号，使之入脑入心，成为生活和工作不可或缺的一部分。

第五，增加成员对团队标语口号的认同感。标语口号要经过团队大多数人的认可，团队成员才会从思想自觉到行为自觉。

四、标语口号的制定要求

标语口号的内容要求是信息传播的媒介，随着社会的发展，传播的信息也纷繁多样，不管什么类型、什么内容的标语口号，要达到预期的宣传鼓动目的，都要看标语口号是否为团队所接受并欣赏，这就要求制作时注意：

简洁凝练。为了好懂易记，易于传播，标语口号的语言应当简洁凝练。简洁凝练是指辞约义丰，寥寥一两句话，则隐含着丰富的信息。例如，某销售团队的口号是：相信自己，相信伙伴。似乎一切尽在不言中了。

浅显易记。为了好懂易记，易于传播，口号的语言应当浅显通俗。浅显通俗的文字容易使公众产生亲切感、认同感。例如，某队名为"兄弟盟"的篮球队口号是：无兄弟，不篮球！

讲究韵律。为了好懂易记，易于传播，标语口号的语言还应当讲究韵律。讲究韵律主要指声调平仄相同，音节匀称整齐，韵脚和谐。标语口号诉之于公众的视觉和听觉，讲究对称和韵律，会琅琅上口，和谐悦耳，容易为公众所接受。例如，某比赛团队的口号是：团结拼搏，勇争第一，我能！横刀立马，勇创新高，我行！

表达严密。标语口号语言表达的严密性，反映了制作者思想的明确、思路的清晰和思考的周密。表达严密就是要注意语句是否有歧义。由于汉语字词的多义性、句法结构的复杂性以及文字读音的多样性，稍微不注意就会出现语句歧义的现象。例如，山东聊城监狱曾经有一标语就令人感到莫名其妙："人民罪犯人民爱，人民罪犯爱人民。"相反，如果利用文字的相关性，可以恰到好处地成为有特色的团队口号，如名称为"麒麟队"的销售团队口号是："临（麟）危受命，舍我其（麒）谁？"

遵法守规口号的制作应当遵守法律法规、符合党的方针政策。有些人做宣传工作不愿意动脑筋，一看到报上出现了一句好的口号、上面有一个新的说法，立即套用过来为自己所用，完全不顾及是否妥当，是否有不良的影响，是否违背党的方针政策。例如，林业系统的"放火烧山，牢底坐穿"的标语缺乏法律常识；广东警方"坚决打击河南籍犯罪分子"的标语充满地域歧视；"发展内衣制造业是我们的基本国策"出于自身利益而篡改党制定的国策，错误是严重的。还有就是要注意把握口号的度，不能夸大其词，与我们的认知不一致，如名称为"新秀团队"的销售团队的口号就不合适：新秀团队！永远引航时代最前端！

观念正确。标语口号制作者应当树立正确的观念，对自身的准确定位。如某销售团队的口号是：不吃饭、不睡觉，打起精神赚钞票！就违背了人性的规律，过分强调金钱，表明观念存在问题。

任务

（1）各团队为自己制定三条标语口号。通过投票评选最优秀的三条标语口号，根据得票多少评选优秀、良好、合格团队。

（2）各团队整理各次任务文本，形成《××团队建设方案》。

参考文献

［1］陈国海，张贞敏．团队建设的四种理论及其对团队建设的影响［J］．石油化工管理干部学院学报，2010．

［2］庄玲．如何建设团队［M］．人民邮电出版社，2010．

［3］陶金．团队建设与管理［M］．暨南大学出版社，2010．

［4］姚裕群．团队建设与管理［M］．首都经济贸易大学出版社，2013．

［5］黄钰茗．团队管理的55个关键细节［M］．中国电力出版社，2011．

［6］兰西奥尼．团队协作的五大障碍（第三版）［M］．中信出版社，2013．

［7］帕特里克·兰西奥尼．理想的团队成员：识别和培养团队协作者的三项品德［M］．电子工业出版社，2016．

［8］詹姆斯·M.库泽斯．领导力：如何在组织中成就卓越（第5版）［M］．电子工业出版社，2013．

［9］史蒂夫·安德鲁斯，查尔斯·福克纳．NLP自我重塑计划——21天塑造全新自我［M］．高等教育出版社，2008．

［10］彼得·柯莱恩，伯纳德·桑德斯．迈向学习型组织的十个步骤［M］．上海：三联书店，2005．

［11］刘中平，周甄，李亚玲，马韬．项目团队组织、分工与工作模式［A］//2013年中国航空学会管理科学分会学术会议论文集［C］，2013．

［12］刘志刚．团队和团队领导［J］．中小企业管理与科技，2014（4）．

［13］彭云飞，李丹青．人际资本与人力资本关系研究［J］．人力资源管理，2017（1）．

［14］周莹，王二平．团队领导的职能、决定因素及有效性［J］．心理科学进展，2005（6）．

［15］迈克·布伦特，菲奥娜·登特．团队领导者［M］．机械工业出版社，2015.

［16］宫小淇，孙立樵．关于团队领导力的基本构成要素探析［J］．长江丛刊，2018（6）．

［17］曾楚宏，王斌，朱仁宏．团队领导研究述评［J］．外国经济与管理，2010（12）．

［18］邵景均．论被领导者［J］．领导科学，1994（3）．

［19］郑乐．被领导者理论前沿综述［J］．知识经济，2010（3）．

［20］张义泉．团队文化3T模式建构［J］．东方企业文化，2015（18）．

［21］任轶华．团队文化：组织凝聚力的基石［J］．浙江经济，2016（13）．

［22］Fleishman, E. A., et al. Taxonomic effects in the description of leader behavior：A synthesis and functional interpretation ［J］. Leaders hip Quarterly, 1991, 2（4）：245 – 287.

［23］M ark s, M. A., Mathieu, J E, and Zaccaro, S J. Atemporally based framework and taxonomy of team processes ［J］. Academy of Management Review, 2001, 26（3）：356 – 376.

［24］Schippers, M. C., Den Hartog, D N, Koopman, P L, and Wienk, J A. Diversity and team out comes：The moderating effects of out – come interdependence and group longevity and the mediating effect of reflexivity ［J］. Journal of Organizational Behavior, 2003, 24（6）：779 – 802.

［25］Gibson, C., and Vermeulen, F. Ahealthy divide：Subgroups as astimulus for team learning behavior ［J］. Administrative Science Quarterly, 2003, 48（2）：202 – 239.

[26] Burke, C. S. , Stagl, K. C. , Klein, C. , Goodwin, G. F. , Salas, E. , and Halpin, S M . What type of leadership behaviors are functional in teams? [J]. Leadership Quarterly, 2006, 17 (3): 288 – 307.